Janine Courtillon

Christine Guyot-Clément

campus

cahier
d'exercices

4

CLE
INTERNATIONAL
www.cle-inter.com

Direction éditoriale : Michèle Grandmangin
Édition, mise en page, correction : Jean-Pierre Delarue
Conception graphique, couverture : Laurence Durandau

Conseils à l'élève

Parler et écrire en français, c'est d'abord penser en français

Lorsqu'on s'exprime à l'oral et à l'écrit à un niveau avancé, on doit pouvoir exposer sa pensée sans hésiter et en utilisant des phrases efficaces, celles qui sont habituellement en usage dans le pays.

C'est pourquoi il faut être capable de penser dans la langue étrangère, et non être obligé de traduire sa pensée à partir de sa propre langue maternelle.

Pour atteindre ce but, il faut s'efforcer de mémoriser les phrases qu'on a entendues, lues et analysées.

La méthode en donne les moyens : il faut profiter de toutes les occasions pour mémoriser : en écoutant, en lisant et en reformulant ce qu'on a compris, puis en analysant les textes et les phrases et en faisant les exercices proposés.

Dans cet avant-propos, nous donnons des conseils pour écouter et des conseils pour lire. Ensuite, les exercices du cahier permettront d'analyser la langue et de renforcer ainsi la mémorisation des différentes possibilités d'expression rencontrées dans les textes.

En comparant les textes que vous aurez écrits aux corrigés proposés dans ce cahier, vous pourrez prendre conscience de vos points faibles et de vos points forts.

Conseils pour écouter

Le discours oral

Le discours oral se caractérise par des phénomènes linguistiques particuliers qui tiennent à la situation de communication : l'emploi de phrases commençant par « il y a... » ou « c'est... », des ruptures syntaxiques, des répétitions, des phrases syntaxiquement incorrectes.

Ces phénomènes, plus ou moins répandus, sont à repérer pour s'habituer à saisir le sens non pas au niveau de la phrase mais bien de l'ensemble du discours du locuteur.

Conseils

Soyez très détendu.

- À la première écoute, repérez seulement quelques mots si vous pouvez.
- N'essayez pas de tout comprendre.
- Il y a des mots qui sont transparents, vous comprenez immédiatement.
- Attendez jusqu'à la fin pour savoir ce que vous avez compris.
- À la deuxième écoute, vous comprendrez plus.
- À la troisième écoute, vous comprendrez beaucoup plus (presque tout), puisque vous pouvez lire le texte écrit en même temps que vous écoutez l'enregistrement, ce qui est souhaitable lorsqu'il n'y a pas de grandes différences phonétiques entre votre langue maternelle et le français.

Conseils généraux pour lire

Il ne faut jamais traduire systématiquement un texte que l'on lit dans une langue étrangère.

Il faut lire une phrase d'un bout à l'autre en essayant de dégager le sens à partir des mots que l'on reconnaît. Si ce sens est imprécis, mais donne une certaine idée du texte, on poursuit la lecture jusqu'à la fin du paragraphe ou d'un groupe de phrases qui semblent former un tout. Et à partir de cette première configuration de sens qui s'est mise en place on revient en arrière, on relit chaque phrase jusqu'à ce que le sens soit presque satisfaisant. Mais il faut savoir tolérer une certaine ambiguïté au début de l'apprentissage, sinon on ne parviendra pas à lire un texte en entier.

Si on travaille seul, ou même en classe, devant un mot inconnu, il faut d'abord essayer de deviner le sens en se demandant s'il ressemble à un mot de sa langue maternelle ou à un mot d'une autre langue que l'on connaît, si le contexte peut aider à comprendre. Si on ne réussit pas à trouver un sens satisfaisant, et que le mot est important pour comprendre la phrase alors on utilise le dictionnaire.

Conseils à l'élève

Mais tous les mots n'ont pas la même importance pour comprendre le sens fondamental. Au début, il faut laisser de côté certains adjectifs qui n'apportent que des détails de nature descriptive, par exemple.

Balayage et écrémage

Ce sont des stratégies de lecture qu'il faut acquérir, car elles vont permettre d'accélérer la vitesse et sont nécessaires pour être un « bon lecteur ».

L'écrémage (en anglais : « skimmimg ») est l'activité décrite dans le début du paragraphe ci-dessus : il s'agit de parcourir rapidement le texte pour se faire une idée de ce texte : de quoi parle-t-il ?

Le balayage (en anglais : « scanning ») consiste à parcourir un texte comme un scanner parcourt une partie d'un organisme ou d'un objet à la recherche d'information précise. On peut faire des exercices qui amènent à balayer le texte, à le parcourir très rapidement à la recherche d'une idée qui est exprimée.

Les deux activités : *écrémage* et *balayage*, sont essentielles à développer si l'on veut acquérir la capacité à lire des textes informatifs, justement parce qu'elles permettent de dégager rapidement l'information apportée par un texte.

Les textes littéraires ne se lisent pas de la même façon, car ce qu'on y recherche n'est pas de l'information mais du plaisir ainsi que l'occasion de réfléchir : ils alimentent la pensée d'une autre manière.

Le carnet de notes

Quand on aborde la lecture par la découverte, il faut avoir un carnet de notes avec les rubriques suivantes :

▶ Vocabulaire : vous notez les mots que vous n'avez pas bien mémorisés et qui vous paraissent importants.

▶ Grammaire : quand vous faites une activité de « découverte des règles », vous notez, sous forme de tableaux clairs, les aspects grammaticaux que vous avez compris. Ces pages vous serviront, au début, pour vérifier que vous utilisez bien la bonne forme.

▶ Phrases : vous notez seulement quelques phrases que vous avez remarquées parce qu'elles sont belles ou très utiles.

N.B : En utilisant ces techniques vous pouvez apprendre à lire seul(e) toutes sortes de textes qui vous paraissent intéressants et que vous avez trouvés dans des journaux, revues, ou livres français.

Tableau

Principes	Stratégies
Lire n'est pas traduire	Écrémer et balayer en se servant des mots transparents
Comprendre, ce n'est pas comprendre tout ou rien	Tolérer l'ambiguïté
La compréhension est graduelle	Relire et écouter plusieurs fois
Comprendre, c'est parfois deviner	Inférer
Pour comprendre et mémoriser, il faut retourner souvent au texte et le relire	Répéter mentalement des phrases
Pour produire, il faut commencer par faire des phrases simples à partir de ce qui est compris et mémorisé	Élaborer
Il faut souvent travailler en petits groupes	Coopérer / contrôler ses émotions
Il ne faut pas avoir peur de faire des fautes en prenant des risques	Sollicitations de vérification (est-ce qu'on peut dire ?)
Reformuler des phrases dont on n'est pas sûr	Auto-évaluation

Conseils à l'élève

Conseils pratiques pour apprendre

Pour commencer

Si vous devez travailler seul, il est préférable de combiner les deux techniques : l'écoute et la lecture.

- ▶ D'abord écoutez la bande deux fois sans la transcription.

- ▶ Puis, écoutez en suivant la transcription.

- ▶ Si vous n'avez pas tout compris dans le texte, relisez les passages incompris et cherchez à deviner le sens en regardant le contexte.

- ▶ Si vous n'arrivez pas à comprendre une phrase qui vous paraît importante, cherchez le(s) mot(s) inconnu(s) dans le dictionnaire.

- ▶ Pour mémoriser quelques phrases, répondez aux questions.

- ▶ Écrivez les réponses si vous pensez que cela vous aide.

Pour continuer

- ▶ *Si votre objectif est seulement de lire :*
  – Essayez de lire ces textes qui vous intéressent en vous aidant des questions qui accompagnent les textes et qui peuvent être utilisés comme des guides de lecture.

- ▶ *Si vous voulez commencer à parler :*
  – Répondez aux questions à voix haute et élaborez quelques questions sur le texte. Participez aux activités proposées à partir des textes.

Pour le travail personnel

- ▶ Utiliser les questions qui accompagnent le texte pour vous aider à comprendre et ensuite pour mémoriser une ou deux phrases essentielles qui répondent à chaque question.

- ▶ Si vous devez faire un compte-rendu de votre lecture à la classe, écrivez ces phrases.

- ▶ En ce qui concerne le reste du texte, sur lequel il n'y a pas de questions précises, cherchez à comprendre ce qui vous paraît facile et intéressant.

- ▶ Si vous n'arrivez pas à comprendre certaines phrases ou segments de phrases qui vous intéressent, soulignez-les ou recopiez-les pour en demander le sens au groupe-classe lors du prochain cours.

- ▶ Écrivez quelques phrases qui vous paraissent intéressantes, synthétiques, frappantes et essayez de les mémoriser.

Exercice 1 Grammaire

○ *Source :* précis grammatical : la caractérisation
○ *Objectif :* emploi de « à » ou de « de »

Le groupe nominal : la désignation

À table !
Modèle : un couteau **de** table ≠ un couteau **de** cuisine ≠ un couteau **à** pain

Un couteau **à** pain = *qui sert à couper le pain*
Un couteau **de** cuisine = valeur générique
un couteau de cuisine n'a pas la même forme qu'un couteau de table.

Complétez les groupes nominaux suivants et expliquez oralement à vos camarades pourquoi vous employez « à » ou « de ».

Mettez le couvert

Les couverts :
• Un couteau ..... pain
• Un couteau ..... cuisine
• Un couteau ..... poisson
• Un couteau ..... table
• Un couteau ..... dessert
• Un couteau ..... fromage

• Une fourchette ..... escargots
• Une fourchette ..... gigot
• Une fourchette ..... dessert

• Un verre ..... eau
• Un verre ..... vin
• Un verre ..... liqueur
• Un verre ..... pied

• Une flûte ..... champagne
• Une coupe ..... champagne

• Une cuiller ..... soupe = on dit aussi une grande cuiller
• Une cuiller ..... café
• Une cuiller ..... dessert = on dit aussi une petite cuiller

• Une assiette ..... soupe = on dit aussi une assiette creuse
• Une assiette ..... dessert = on dit aussi une petite assiette

• Une assiette ..... fromage
• Une assiette ..... charcuterie

• Une bouteille ..... eau minérale
• Une bouteille ..... vin
• Une canette ..... bière
• Une bouteille ..... eau gazeuse
• Une bouteille ..... Bordeaux
• Une bouteille ..... vin blanc

• Une carafe ..... eau plate
• Une carafe ..... vin
• Un pot ..... lait / une brique ..... lait / une bouteille ..... lait
• Un pot ..... eau
• Un petit pot ..... crème fraîche

• Un plat ..... huîtres
• Un plat ..... pâtes
• Un plat ..... Noël
• Un plat ..... fête

La table :
■ Une table ..... jardin
■ Un table ..... fête
■ Une table ..... cérémonie
■ Une table ..... Noël
■ Une nappe ..... fleurs

Exercice 2 Grammaire

> ○ *Source :* texte « Pain et histoire » + précis grammatical. Désignation ou caractérisation
> ○ *Objectif :* analyse et emploi du groupe nominal

Lire le texte « Pain et histoire » et relever des groupes nominaux comme :

Toutes les villes de province / le pain de tous les Français / l'utilisation de la levure de bière...

Classez-les selon leur valeur de sens grammatical et expliquez-les à votre voisin.

valeur de caractérisation	valeur de désignation
Exemple : – les villes de province	*Exemple :* – une des plus importantes famines de l'histoire

Exercice 3

> *Source :* texte de Michel Jeanneret : « La conversation à table » (p. 14 : livre élève)
> *Objectif :* prescrire

Lire le texte « La conversation à table » de Michel Jeanneret et repérer la construction du schéma discursif :
énoncer un conseil, ici concernant « la bonne conversation à table », selon les coutumes françaises.

Composition de la prescription

Constat	*Le dialogue rapproche :* emploi du présent qui énonce une vérité générale pour Michel Jeanneret
Commentaire	***Il importe donc*** *que chacun, autour de la table, se sente à l'aise et participe à l'entretien* **Conséquence de ce contrat et conseils édictés au futur :** *On évitera la loquacité qui monopolise l'attention, et le laconisme qui jette un froid* **Commentaire au présent : pérennité du conseil** *La bonne conversation gomme les différences, efface les hiérarchies et surmonte les inhibitions*
Prescription	**Conseils consécutifs à ce commentaire :** *On choisira **par conséquent** des thèmes adaptés aux compétences et aux goûts de tous les interlocuteurs*

Travail d'application

À partir des informations (données page 9) sur les bienfaits de la consommation de vin
pour la santé, donnez des conseils à vos amis pour qu'ils apprennent à boire du vin
avec modération.
*(Remarque : cette activité proposée est dans la continuité de l'unité 1 sur la gastronomie
en France)*

1. Énonciation du constat
2. Conséquence
3. Commentaire
4. Conseils consécutifs

....
....
....
....
....
....
....
....
....
....
....
....
....
....
....
....

Le vin

Quel est le constat des chercheurs ?

Plusieurs études révèlent que pour un même niveau de facteurs de risque (stress, cholestérol, tabac), les décès par accidents coronariens sont beaucoup moins nombreux en France : 91 sur 100 000 alors qu'on en dénombre 240 aux États-Unis ou 356 en Écosse. Or les Français sont les premiers consommateurs de vin au monde. Le vin aurait-il des effets protecteurs sur l'organisme ? L'hypothèse se confirme quand on étudie ce phénomène au niveau régional. C'est en effet dans le Sud-ouest de la France, région où l'on consomme davantage de vin qu'ailleurs que les taux de mortalité sont les plus bas...

Quels sont les effets bénéfiques sur l'organisme ?

Le vin est riche en oligo-éléments et divers micro nutriments, comme les polyphénols, qui exercent un pouvoir relaxant et anti-infectieux. Le vin protégerait aussi nos artères grâce à un effet antioxydant.

Pour quelle consommation de vin ?

Tout est question de modération. Le vin conserve ses « bienfaits » consommé avec une certaine régularité, mais en faible quantité : pour un homme la quantité est de un à deux verres par repas (15 à 30 cl), et la moitié de cette dose pour les femmes.

Quelques notes lexicales pour vous aider à « parler » du vin

Portrait-robot d'un vin rouge

LA ROBE : de rubis clair comme les beaujolais ou les pinots noirs d'Alsace à grenat noir, comme les vins du Languedoc ou de la vallée du Rhône.

LE NEZ : les arômes, dits primaires, des vins jeunes évoquent des fruits rouges frais – cerise, fraise, groseille. Ils peuvent développer aussi des notes florales et poivrées comme la pivoine ou la rose rouge. Les vins méridionaux se distinguent par de violentes notes de violette, de caoutchouc ou de laurier. En vieillissant, les rouges évoluent vers des notes kirschées ou de gibier, de cuir et de tabac.

LA BOUCHE : l'équilibre et la structure d'un vin rouge reposent sur trois critères : acidité, sucre et tanins. Un vin tendre à la macération courte joue sur le fruit plus que la structure. Pour autant, un vin charpenté aux tanins denses n'exclut ni la fraîcheur ni la finesse.

Exercice 4

> ○ *Source* : texte de Michel Jeanneret : « La conversation à table » (p. 14 : livre élève)
> ○ *Objectif* : exprimer une restriction

Lire cette phrase du texte :
On rira, **mais sans se moquer**, on s'efforcera de stimuler l'esprit, mais sans l'accabler.

On rira *mais sans* se moquer

A   mais   B

On s'efforcera de stimuler l'esprit *mais sans* l'accabler

A   mais   B

➤L'emploi du « on » généralise le conseil : il s'adresse à tous, à tous ceux qui veulent respecter
ces préceptes de bonne tenue à table. Le lecteur est inclus malgré lui : moi le scripteur et vous le lecteur.
➤Le verbe au futur marque le désir du scripteur d'énoncer une hypothèse réalisable, souhaitée par lui.

Travail d'application

**Choisissez des situations où la politesse doit être respectée et donnez à votre ami /
vos amis le conseil qui s'impose en réemployant la restriction.**

Exemple :
Tu écouteras de la musique mais sans mettre la radio trop fort.

Boire / être ivre ....
....

Manger / se goinfrer ....
....

Travailler / trop se fatiguer ....
....

Discuter / imposer son point de vue ....
....

Marcher / se hâter ....
....

Lire / oublier de faire du sport ....
....

Exercice 5

> ◌ *Source :* texte de Michel Jeanneret : « La conversation à table » (p. 14 : livre élève)
> ◌ *Objectif :* exprimer un conseil à l'écrit en employant des mots en apposition

Lire

Non que la philosophie doive être bannie des salles à manger ; elle sera reçue à condition de mettre de l'eau dans son vin, d'aborder les problèmes de la vie courante et de s'accommoder à la liberté des propos ambiants. **Pédante, elle décourage ; avenante, elle participe de la plénitude de la fête.** [...] Cet aspect de la parole conviviale est essentiel : on parlera de tout et de rien.

➤**Pédante**, elle décourage ; **avenante**, elle participe de la plénitude de la fête.

Analyse

➤Deux adjectifs mis en apposition définissent de manière opposée le même sujet, ici, la philosophie.

➤Cette manière d'écrire permet d'établir un contraste qui soutient la position de celui qui l'énonce.

Un autre exemple dans un autre contexte :

Bien vêtue, elle attirait tous les regards, *belle parleuse*, elle gagnait tous les esprits, Madame de La Fayette savait recevoir.

➤Ici les deux qualités de Madame de Lafayette sont complémentaires, le parallélisme souligne l'égalité d'importance des deux qualités : sa distinction vestimentaire et intellectuelle !

Paraphrase de la phrase du texte :

Si la philosophie est pédante, c'est-à-dire si elle veut montrer toute sa science en employant des mots savants, *elle décourage* ceux qui ne sont pas « doctes » ou formés à cette discipline, *alors que si elle est avenante*, c'est-à-dire si elle sait se rendre agréable à entendre en employant des mots de tous les jours, elle participe de la plénitude du bonheur d'être attablés tous ensemble.

Travail d'application

• Chercher des adjectifs qualificatifs, des participes passés qui énoncent un contraste à propos de conseils : soit de table, de respect de l'heure ou du bruit (des contextes de votre vie quotidienne).
• Vous écrivez une lettre (courte) ou un mail à un ami français qui vient pour la première fois chez vous et vous lui prodiguez les conseils qui vous semblent les plus importants.

....
....
....
....
....
....
....
....
....
....
....
....
....
....

Exercice 6

⊙ *Source :* documents nouveaux
⊙ *Objectif :* donner des conseils à l'oral

Choisissez dans les textes donnés ci-dessous les règles à respecter en France quand vous êtes invité/e dans une famille au savoir vivre « bourgeois ».

À quelle heure arriver ?

En principe, la ponctualité est un signe élémentaire d'éducation qu'il convient de respecter lorsque l'on est invité à un dîner. Il en est de même pour la maîtresse de maison qui se doit d'être prête à l'heure à laquelle elle a convié ses invités.

Arriver en avance à un dîner est cependant aussi mal élevé que d'arriver en retard, et risque d'être très embarrassant pour la maîtresse de maison que rien n'interdit de se trouver encore en peignoir. La bienséance veut que l'on ajoute un « quart d'heure de politesse » à l'heure à laquelle on a été invité, et que l'on appelle pour s'excuser et prévenir si le retard dépasse une demi-heure.

L'apéritif

L'apéritif – du latin *aperare* : ouvrir – est destiné à ouvrir l'appétit avant le dîner. D'aucuns prétendent qu'il est d'origine bourgeoise ; d'autres qu'il remonte au Moyen Âge où l'on aimait déguster avant le repas du vin aromatisé aux herbes et aux épices ; d'autres encore soutiennent que les Romains déjà s'y adonnaient en buvant du vin sucré au miel… Quoi qu'il en soit, l'apéritif fait aujourd'hui partie intégrante de la vie sociale et familiale française, et il semble impensable de recevoir à dîner sans proposer d'apéritifs.

L'apéritif peut à lui seul être un motif d'invitation ; si l'on veut rendre une politesse à un voisin par exemple ou recevoir des personnes que l'on ne connaît pas encore, sans pour autant les garder toute la soirée.

Les présentations

Les présentations sont, elles aussi, une tâche périlleuse, surtout dans un dîner mondain, où il faut veiller à ne froisser personne.

Ce sont en général le maître et la maîtresse de maison qui s'en chargent. Un certain nombre de critères sociaux entrent dans l'ordre des présentations :

Par sexe : On présente un homme à une femme.

Par âge : On présente les plus jeunes aux moins jeunes.

Par statut : On présente les moins importants aux plus importants.

- Le rang a le dessus sur le sexe et sur l'âge.
- L'âge a le dessus sur le sexe.

Lorsque des invités arrivent dans un salon où se trouvent déjà plusieurs invités, les hommes se lèvent pour les saluer ; les femmes restent assises, à moins que le nouvel arrivant ne soit âgé ou occupe une place importante ; les jeunes filles se lèvent toujours sauf devant un jeune homme du même âge. En outre, un homme doit toujours se découvrir pour saluer hommes et femmes.

La poignée de main

C'est à la personne la plus importante, la plus âgée ou du beau sexe de tendre la main à la personne qu'on lui présente. Si elle ne le fait pas, la personne présentée se contentera d'incliner légèrement la tête en signe de déférence. C'est également à la personne réclamant le plus d'égards d'entamer la discussion.

Les Brunch

De la contraction de breakfast (petit-déjeuner) et de lunch (déjeuner), le brunch remplace et mélange les deux en un unique repas. D'origine américaine, il s'est trouvé très en vogue il y a quelques années, pêchant autant d'adeptes chez les sportifs matinaux du dimanche que chez les lève-tard. Situé vers 11 heures ou midi, il propose petits pains, brioches, tartines, pan cakes au sirop d'érable, mais aussi bacon, jambon et œufs brouillés. Les boissons sont celles d'un petit-déjeuner classique, thé, chocolat ou café ainsi que des jus de fruits.

La formule, plutôt familiale, peut faire l'objet d'une invitation que l'on réservera sans doute davantage aux bons amis qu'aux relations d'affaires, mais tout est une question de jugement…

La conversation

La conversation est un art qui se dispute au centre de la vie sociale et dans lequel l'esprit est roi. À un dîner, il incombe aux maîtres de maison de mener la conversation ; de la raviver quand elle s'éteint, de la rattraper quand elle dérape et de veiller à ce que chacun y participe.

Si ce rôle est bien joué, chaque invité aura de la reconnaissance envers ses hôtes, comme le dit La Bruyère : « L'esprit de la conversation consiste bien moins à en montrer beaucoup qu'à en faire trouver aux autres. Celui qui sort de votre entretien content de soi et de son esprit l'est de vous parfaitement. »

Il est des sujets qui ne doivent être abordés en dehors d'un cercle familial ou très intime, sous peine de détruire l'ambiance d'un dîner ; ce sont la religion, la politique et l'argent.

Jusqu'à huit personnes, il est facile de soutenir une conversation générale pour la table, mais au-delà le plus souvent, plusieurs discussions la divisent. Les conversations sont dans ce cas en principe plus intimes, davantage portées sur les gens eux-mêmes.

La politesse exige que l'on parle à chacun de ses voisins ou voisines, et cela même si l'un est très amusant et l'autre vraiment casse-pieds. Il est rare qu'il n'y ait pas un meneur à un dîner, celui qui a toujours quelque chose de drôle à raconter et qui garantit la bonne ambiance ; il veillera cependant à laisser à chacun la possibilité de s'exprimer, et ne coupera pas la parole aux moins loquaces. À l'inverse, il est des convives qui, par timidité ou mauvaise humeur n'ouvrent pas la bouche, ce qui est aussi mal élevé que de monopoliser la conversation.

Mettez-vous par deux et après avoir choisi le savoir-vivre qui vous semble le plus important, expliquez oralement ce que vous devez faire. Vous porterez un jugement sur ces « règles » en les comparant aux vôtres.

Unité 1 La nourriture et la table en France

Exercice 7 — Aide à la production écrite (questions pour DELF, DALF)

> ○ *Source :* les documents de « Le saviez-vous ? » + les textes de l'Unité 1
> ○ *Objectif :* écrire une lettre où vous notez ce qui vous semble « étrange »
> chez les Français, à la manière des *Lettres Persanes* de Montesquieu.

Présentation du texte

Résumé des *Lettres persanes*

Deux seigneurs persans (Usbek et Rica) entreprennent un voyage d'études en France. Ils quittent tous d'eux Ispahan, leur ville natale, le 14 mars 1711. Ces deux voyageurs ont des personnalités et des démarches différentes. Usbek, très attaché à sa patrie est un grand seigneur « éclairé ». Rica, son compagnon de voyage a une jeunesse, une gaieté et un sens aigu de l'observation qui le portent à rire et à faire rire. Usbek et Rica forment un personnage bicéphale derrière lequel Montesquieu critique le pouvoir absolu de la monarchie et les mœurs de la société française de son temps.

Lire le texte

Lettre XXIV. Rica à Ibben, à Smyrne

Nous sommes à Paris depuis un mois, et nous avons toujours été dans un mouvement continuel. Il faut bien des affaires avant qu'on soit logé, qu'on ait trouvé les gens à qui on est adressé, et qu'on se soit pourvu des choses nécessaires, qui manquent toutes à la fois.

Paris est aussi grand qu'Ispahan. Les maisons y sont si hautes qu'on jurerait qu'elles ne sont habitées que par des astrologues. Tu juges bien qu'une ville bâtie en l'air, qui a six ou sept maisons les unes sur les autres, est extrêmement peuplée, et que, quand tout le monde est descendu dans la rue, il s'y fait un bel embarras.

Tu ne le croirais pas peut-être : depuis un mois que je suis ici, je n'y ai encore vu marcher personne. Il n'y a point de gens au monde qui tirent mieux parti de leur machine que les Français : ils courent ; ils volent. Les voitures lentes d'Asie, le pas réglé de nos chameaux, les feraient tomber en syncope. Pour moi, qui ne suis point fait à ce train, et qui vais souvent à pied sans changer d'allure, j'enrage quelquefois comme un chrétien : car encore passe qu'on m'éclabousse depuis les pieds jusqu'à la tête ; mais je ne puis pardonner les coups de coude que je reçois régulièrement et périodiquement. Un homme qui vient après moi, et qui me passe, me fait faire un demi-tour, et un autre, qui me croise de l'autre côté, me remet soudain où le premier m'avait pris ; et je n'ai pas fait cent pas, que je suis plus brisé que si j'avais fait dix lieues.

Montesquieu (1689-1755), *Les Lettres persanes* (1721)

Les Lettres persanes paraissent en 1721 à Amsterdam, sans nom d'auteur.

Au XVIIIe siècle, le roman par lettres sous couleur d'exotisme est le déguisement obligé, choisi par Montesquieu pour échapper à la censure royale.

– Composition de la lettre de Rica.

1. Le lieu, la durée du séjour, le thème de la lettre : le mouvement continuel
2. Exemples de cette agitation permanente
3. Comparaison entre Paris et Ispahan, commentaires
4. Emploi du tutoiement et de « je » / Expérience personnelle de l'agitation parisienne.

Travail d'application

À la manière de Montesquieu, vous composez une lettre pour rendre compte du comportement des Français en matière d'alimentation

....
....
....
....
....
....
....
....
....
....
....

Pour le plaisir de lire… une autre lettre « célèbre » ►—►—►

Lettre XXX. Rica au même, à Smyrne

Les habitants de Paris sont d'une curiosité qui va jusqu'à l'extravagance. Lorsque j'arrivai, je fus regardé comme si j'avais été envoyé du ciel : vieillards, hommes, femmes, enfants, tous voulaient me voir. Si je sortais, tout le monde se mettait aux fenêtres ; si j'étais aux Tuileries, je voyais aussitôt un cercle se former autour de moi ; les femmes mêmes faisaient un arc-en-ciel nuancé de mille couleurs, qui m'entourait ; si j'étais aux spectacles, je trouvais d'abord cent lorgnettes dressées contre ma figure : enfin jamais homme n'a tant été vu que moi. Je souriais quelquefois d'entendre des gens qui n'étaient presque jamais sortis de leur chambre, qui disaient entre eux : « Il faut avouer qu'il a l'air bien persan. » Chose admirable ! Je trouvais de mes portraits partout ; je me voyais multiplié dans toutes les boutiques, sur toutes les cheminées, tant on craignait de ne m'avoir pas assez vu.

Exercice 8

⊃ *Source :* textes sur le pain
⊃ *Objectif :* enrichir son vocabulaire

Lire le texte
LEXIQUE des mots... sur le pain

Le pain est très certainement le premier aliment que l'on retrouve à table. Au restaurant notamment on le *grignote* avant même que les assiettes n'arrivent à table. Mais le pain n'est pas qu'un aliment de grignotage et d'accompagnement. Depuis longtemps il est indissociable de certaines pratiques culinaires :

Soupes et potages
Dès le Moyen Âge, on *mouillait le pain* de bouillon ou de consommé qu'il était chargé d'épaissir et de lier. La soupe devenait potage lorsqu'elle avait atteint un certain degré d'onctuosité et d'épaisseur... Le Gaspacho espagnol n'est autre qu'une soupe *froide au pain*. La traditionnelle soupe à l'oignon est elle aussi *une soupe au pain gratinée* au four ou non.

Les pains supports
Il s'agit de tranches de pain plus ou moins épaisses qu'on utilise telles quelles ou rissolées. On pense immédiatement aux *canapés froids, toastés ou non, avec leurs garnitures* de foie gras, caviar, saumon fumé, tarama, beurre d'anchois, beurre d'écrevisse, jambons, charcuteries diverses, pâtés, terrines, fromages...

Les croustades
On appelle ainsi des préparations réalisées dans *de la mie de pain* puis, passées à la friture ou juste colorées au four. Elles sont destinées à être garnies.

Les croûtes
Ce terme désigne une tranche de pain servant de support à une préparation. On distingue 3 sortes de croûtes :
– *les croûtes canapés* pour des préparations en sauces (champignons à la béchamel ou revenus dans une réduction de crème...), ou encore des préparations à base de fruits de mer : coquilles Saint-Jacques, moules... voire des émincés de poissons aromatisés. Sans oublier les *croûtes à la moelle*.
– *les croûtes incorporées de style Croque Monsieur...*
– *les croûtes supports* sont, elles, imprégnées de liquide avant d'être cuisinées. Ce sont les ingrédients utilisés qui mettent cette fois le pain en valeur. On pense naturellement au pain perdu, trempé dans le lait tiède sucré puis dans une assiette d'œufs battus et enfin poêlé pour qu'il se colore.

Le Sandwich
Il a été inventé pour Lord Sandwich, un passionné du jeu qui ne voulait pas se mettre à table. Son cuisinier imagina alors de lui servir ses repas entre deux tranches de pain.

Travail d'application

Faites un relevé des verbes, des noms qui décrivent les variétés du pain en France.

Exemples : on grignote / on mouillait le pain...
Une tranche de pain / le pain perdu /

– Vous pourriez avec vos camarades, en classe, comparer le lexique du pain « français » avec celui de votre langue pour le pain si vous mangez du pain ; sinon, notez le lexique employé pour parler de la denrée qui le remplace (en traduisant de votre langue en français).

....
....
....
....
....
....
....
....
....
....
....
....
....
....
....
....
....
....
....

☞

À lire pour aller plus loin ➡ ➡ ➡ ➡ ➡ ➡ ➡

Lexique des variétés régionales des formes de pain

Le pain appartient à notre patrimoine national. À l'étal des boulangers, les pains régionaux sont des témoins vivants et croustillants d'une histoire qui dure. Pains et petits pains dessinent une carte originale de la France gourmande des artisans boulangers.

Au centre de la France : le pain est rond comme les volcans d'Auvergne : tourtes, gros pains de seigle et de méteil.

À Paris : la baguette et toutes sortes de pains empruntés à toutes les provinces réunies dans la capitale. (le bâtard, le gros pain, le pain boule, aux céréales, au levain…)

Dans le Nord : la flûte et le boulot de 4 livres…

En Normandie : le Calvados a inventé la manchette, une couronne de pain dans laquelle on passe le bras pour la transporter !

Dans le Midi : la fougasse, de forme différente selon les lieux, un pain très peu cuit qui aujourd'hui est garni d'olives ou de petits lardons, idéal pour l'apéritif ou un en-cas !

À L'Est, en Alsace : le pain aux noix et à l'anis et les bretzels salés, un délice avec un vin blanc sec !

Expressions idiomatiques

Cherchez le sens des expressions idiomatiques suivantes :

Expressions idiomatiques	Sens de l'expression
1. Gagner son pain à la sueur de son front	**b** = couper la parole à quelqu'un, l'empêcher de continuer à parler
2. Ôter le pain de la bouche	**a** = exercer un métier physique pénible
3. C'est du pain bénit	**f** = une journée très ennuyeuse
4. Être bon comme le pain	**g** = ça ne coûte rien
5. Ne pas manger de ce pain-là	**h** = tu prends la place de…
6. Long comme un jour sans pain	**c** = une situation très favorable qui arrive à point nommé
7. Ça ne mange pas de pain	**d** = avoir un cœur d'or
8. Tu manges le pain de…	**e** = ne pas vouloir être corrompu
9. Manger son pain blanc en premier, manger son pain noir plus tard	**i** = commencer par le meilleur… la suite risque d'être difficile
10. Avoir du pain sur la planche	**j** = avoir beaucoup de travail à faire

Exercice 9

○ *Source :* le saviez-vous ?
○ *Objectif :* faire un compte-rendu oral d'un tableau chiffré

Tableau
Plus de deux kilos par jour

Évolution des quantités consommées de certains aliments (en kg ou en litres par an) :	1980	1999
• Pain	80, 6	57,4
• Pommes de terre	95,6	68,0
• Légumes frais	70,4	92,2
• Bœuf	15,6	14,9
• Volailles	14,2	23,8
• Œufs	11,5	15,2
• Poissons, crustacés	9,9	14,7
• Lait frais	95,2	67,1
• Fromage	13,8	19,3
• Yaourts	8,6	20,5
• Huile alimentaire	8,1	11,9
• Sucre	20,4	7,6
• Vins courants	95,6	36,2
• Vins AOC	8,0	27,1
• Bière	41,4	37,7
• Eaux minérales et de source	39,9	146,1

1. Quel est le plus grand changement dans la consommation des Français ?

Plusieurs manières de dire :

« L'eau minérale. En effet, cette consommation *a plus que triplé* ».
Verbes : doubler (par 2), tripler (par 3), quadrupler (par 4), quintupler (par 5), sextupler (par 6).

« La consommation qui a changé *le plus* concerne l'eau minérale. »

« Si on compare les chiffres de 1999 avec ceux de 1980, on voit que la consommation a énormément / incroyablement/ étonnamment/ *augmenté*. »

« *C'est* l'eau minérale *dont la consommation a terriblement augmenté*. »

« Si je regarde les chiffres de la colonne de droite, celle de l'année 1999, c'est le chiffre de 146,1 qui est le plus grand.
Il concerne la consommation des Français en eau minérale. Il est vrai que la France a sur son territoire beaucoup d'eaux de source comme Evian, Vittel, Perrier, même si une eau comme San Pellegrino qui vient d'Italie est de plus en plus consommée. Elle remplace souvent l'eau de Badoît qui est une eau aussi pétillante mais moins gazeuse que Perrier. »

2. Quel est l'aliment qui est le moins consommé par les Français en 1999 ?

Donnez les chiffres en ajoutant votre commentaire hypothétique par rapport à ce que vous savez de la consommation et des comportements des Français en vous référant aux textes de l'unité ou en l'imaginant.

« C'est le sucre qui a chuté de presque trois fois ! De 20,4, il est passé à 7,6 ! Une grande chute qui s'explique sans doute par les conseils des diététiciens et des médecins qui font la chasse au sucre pour des raisons d'obésité ! »

« Le chiffre le plus petit est celui du sucre. »

« C'est la consommation de sucre qui a le plus baissé.»

« Si je regarde les chiffres de 1980 et ceux de 1999, c'est le chiffre du sucre qui est le plus faible / bas / petit ».

3. Par ordre décroissant, donnez les aliments qui sont les plus consommés par les Français en 1999.

En premier / Tout d'abord / En premier lieu / en première place / en 1 / : nous avons les eaux minérales avec 146,1.

En second / Ensuite / En deuxième lieu / en deuxième place / en 2 / : les légumes frais avec 92,2.

En troisième position / en troisième place / en 3 : les pommes de terre avec 68,0 et le lait frais qui est très voisin / proche / presque le même / : avec 67,1.

☞

Après les chiffres sont plus faibles / moindres / plus petits / moins importants.

On pourrait les regrouper par ordre décroissant en indiquant le chiffre de la consommation du pain avec 57,4 et celui des vins courants avec 36,2 et celui des vins AOC avec 27,1.

Pour ce dernier chiffre, il est intéressant de remarquer que la consommation concernant le vin a beaucoup changé ! Les Français boivent *beaucoup moins de* vins courants puisque le chiffre attesté en 1980 a chuté à 36,2 *mais cela est compensé par* le chiffre des vins AOC donc meilleurs qui, lui, a augmenté puisqu'il est passé de 8,0 à 27,1 !

Ce qui est très significatif, sans doute, c'est cette augmentation qui peut-être *est due* au changement de goût des Français qui préfèrent boire *moins souvent* de vin ordinaire comme le faisaient leurs parents ou grands-parents pour au contraire / par contre / déguster une bonne bouteille plus chère de temps en temps.
Enfin / En dernier lieu / pour finir / les chiffres de consommations des volailles avec 23,8 , ceux des œufs et de l'huile alimentaire sont à peu près équivalents soit respectivement 15,2 et 11,9.

La consommation de bœuf avec 14,9 n'indique pas un changement très grand / significatif / très important / puisqu'en 1980 le chiffre était de 15,6 et en 1999 il est de 14,9 : à peu près un seul point d'écart entre les deux, même si le dernier chiffre est *à la baisse / plus bas que le précédent / plus faible que l'ancien* / Sans doute parce que les Français aiment toujours / encore / bien manger un steak avec des frites !

**Relevez les procédés linguistiques de comparaison :
les adverbes, les superlatifs, les verbes, les articulateurs rhétoriques qui cadrent l'analyse : en premier, etc...**

....
....
....
....
....
....
....
....
....
....

Analysez le tableau de l'évolution de la dépense alimentaire dans les pays de l'Union européenne.

....
....
....
....
....
....
....
....
....
....
....
....
....
....
....
....
....
....
....
....
....
....
....
....
....
....
....
....
....
....
....
....
....
....
....

Exercice 10

○ *Source :* texte de Charles Baudelaire
○ *Objectif :* écrire un texte en prose poétique

Lire le texte

« Enivrez-vous de poésie ! »

Il faut être toujours ivre. Tout est là : c'est l'unique question. Pour ne pas sentir l'horrible fardeau du Temps qui brise vos épaules et vous penche vers la terre, il faut vous enivrer sans trêve.

Mais de quoi ? De vin, de poésie ou de vertu, à votre guise. Mais enivrez-vous.

Et si quelquefois, sur les marches d'un palais, sur l'herbe verte d'un fossé, dans la solitude morne de votre chambre, vous vous réveillez, l'ivresse déjà diminuée ou disparue, demandez au vent, à la vague, à l'étoile, à l'oiseau, à l'horloge, à tout ce qui fuit, à tout ce qui gémit, à tout ce qui roule, à tout ce qui chante, à tout ce qui parle, demandez quelle heure il est ; et le vent, la vague, l'étoile, l'oiseau, l'horloge, vous répondront : « Il est l'heure de s'enivrer ! Pour n'être pas les esclaves martyrisés du Temps, enivrez-vous ; enivrez-vous sans cesse ! De vin, de poésie ou de vertu, à votre guise. »

Baudelaire, *Le Spleen de Paris*, XXXII

Analyse

Demandez au vent, à la vague, à l'étoile, à l'oiseau	▸ l'impératif donne un conseil fortement énoncé, comme un ordre. L'accumulation des compléments évoque la richesse de la nature : le vent, la mer, le ciel, l'oiseau…
à tout ce qui fuit à tout ce qui roule à tout ce qui chante à tout ce qui parle demandez quelle heure il est…	▸ emploi de la même expression pour rythmer le texte à la manière d'une « chanson » ; ce procédé simple permet au lecteur d'accrocher les mots donnés par le poète et aide à mémoriser le texte…

Travail d'application

Proposez un texte à la manière de ce texte en prose poétique de Baudelaire.
Reprenez pour le plaisir de l'écriture, certains des procédés poétiques du texte analysé.

Enivrez-vous de « montagne » / de « mer » / de « poésie »…

....
....
....
....
....
....
....
....
....
....
....
....
....
....

Unité 2 Le travail et la vie

Exercice 1 Grammaire

○ *Source :* texte « Un point de vue humaniste » + activités (p. 34 : livre élève)
○ *Objectif :* « tout en » + participe présent… Exprimer la simultanéité avec un effet de sens positif

Lire la phrase extraite du texte :

Phrase modèle : *Le salarié pourrait gérer sa carrière entre périodes actives et périodes de formation **tout en étant reconnu** dans un réseau d'entreprises.*

▶ *Tout en + participe présent indique la notion de simultanéité* accompagnée d'un effet de sens positif. On peut le paraphraser ainsi : « et de plus / et en outre il sera reconnu comme employé dans un réseau d'entreprises ».

Travail d'application

Faites les transformations pour exprimer la simultanéité à valeur positive en utilisant « tout + en + participe présent ».

1. Il faut travailler *et continuer à se former.*

....

....

2. On doit continuer à se former *et travailler.*

....

....

3. Le salarié pourrait être embauché dans une entreprise *et travailler dans une autre.*

....

....

4. Il n'est plus possible de penser travailler dans la même entreprise toute sa vie *et de ne pas prévoir une autre formation.*

....

....

5. Tout salarié est obligé de travailler pour gagner sa vie *et penser à sa reconversion.*

....

....

6. Depuis longtemps, les femmes travaillent en entreprise ou en usine *et assurent aussi les tâches ménagères.*

....

....

7. Préparer un bon repas et *discuter avec un ami* est agréable.

....

....

8. Aller au marché, chercher les meilleurs produits, *et ne pas trop dépenser* est un plaisir hebdomadaire de beaucoup de Français.

....

....

9. Déguster un bon repas *et participer à une conversation intéressante* fait partie du savoir-vivre français.

....

....

10. Exercer un métier choisi et aimé *et garder du temps libre pour vivre pour soi* est un des objectifs à atteindre.

....

....

Exercice 2

○ *Source :* texte « La révolution industrielle et le travail » (p. 32 : livre élève)
○ *Objectif :* construire un schéma discursif : conclure une argumentation

Lire le texte

En résumé, l'excès de division du travail nuit aux travailleurs et à la qualité du travail. Est-ce que, pour autant, elle désunit les hommes ? Assurément, selon G. Friedmann, et les solutions à apporter à ce problème sont à chercher dans l'enseignement de spécialisations variées et dans le développement des loisirs. Bref, il faut tout faire pour éviter que l'insatisfaction au travail ne se transforme en une amertume risquant de favoriser des comportements déviants (agressivité, violence) qui nuiront à la cohésion sociale.

Analyse

Texte	Schéma discursif
En résumé,...	❯ présentation en une phrase de la problématique
Est-ce que, pour autant, elle désunit les hommes ?	❯ question rhétorique qui permet de préciser la problématique = ici, le risque de la désunion entre les hommes
Assurément,	❯ réponse engagée : adverbe d'assertion plus fort que « oui »
selon G. Friedmann,	❯ référence à un spécialiste de la question déjà cité dans l'article : G. Friedmann
et les solutions à apporter à ce problème sont à chercher dans *l'enseignement de spécialisations variées et dans le développement des loisirs.*	❯ énoncé des solutions proposées par G. Friedmann : mots-clés = enseignement de spécialisations variées / le développement des loisirs
Bref, il faut tout faire pour éviter que l'insatisfaction au travail ne se transforme en une amertume risquant de favoriser des comportements déviants (agressivité, violence) qui nuiront à la cohésion sociale.	Bref (indique que l'on résume) + énoncé d'un ordre impérieux : il faut tout faire pour... + ...qui nuiront à la cohésion sociale = emploi du futur qui engage l'avenir

Travail d'application

Modèle du schéma discursif ci-dessus
Exemple avec un problème de santé :
– *Le sucre est un facteur d'équilibre et de plaisir au service de notre alimentation mais une trop grande consommation de sucre nuit à la santé.*

En résumé, l'excès de consommation de sucre nuit à la santé. *Faut-il, pour autant, l'interdire complètement ? Assurément* non, *selon* les diététiciens, notre organisme, en particulier celui de l'enfant ou du sportif, en a besoin pour y puiser l'énergie nécessaire soit pour sa croissance soit pour ses efforts musculaires. *Bref*, il ne faut pas le supprimer mais bien apprendre à doser sa consommation en fonction de nos activités et des âges de la vie.

Choisissez un problème emprunté au monde du travail, ou à celui de l'éducation pour exprimer une conclusion d'une argumentation démonstrative :
• L'organisation du travail et le temps de repos
• Le problème de l'autorité parentale
• Le rapport de l'élève face à l'autorité des professeurs
• Le rythme du travail dans une grande entreprise...

Exercice 3

○ *Source* : texte « Sommes-nous faits pour travailler ? » (p. 31 : livre élève)
○ *Objectif* : étude lexicale

Lire : texte 1 « Le travail du Moyen Âge au xxᵉ siècle »

▶ L'étymologie du mot « travail » nous renvoie à une image désagréable. Que ce soit le *tripalium* (attache pour entraver les bœufs) ou le *trepalium* (instrument de torture à trois pieux), le travail est considéré comme source de **pénibilité**, de **souffrance**, de **tourment**. [...]

▶ Au Moyen Âge, les ecclésiastiques n'hésitent pas à **vilipender** les corporations et à **mettre au ban** de nombreux métiers.

▶ Tout d'abord, elle (l'Église) **s'en prend aux** corporations, car elles visent à éliminer toute concurrence dans les villes. D'autre part, il y a **pléthore** de métiers interdits ou vils. Ce sont ceux qui sont impurs parce qu'ils obligent à mettre les mains dans la saleté (laveurs de vaisselle) ou le sang (bouchers, chirurgiens). Certains invitent aux péchés de luxure (prostituées ou saltimbanques), de **cupidité** (commerçants, avocats ou notaires) ou de gourmandise (cuisiniers).

▶ Ensuite, le nombre de métiers **mis au ban** par l'Église **s'amenuise**. [...] De plus, le travail utile à tous, celui qui permet d'**assouvir les besoins** humains (les vêtements, l'alimentation) gagne une certaine reconnaissance.

Exercices de reformulation

1. **Expliquez les mots en gras en reformulant les phrases dans lesquelles ils sont utilisés et en utilisant des synonymes si possible.**

2. **Réemployez ces mots ou constructions dans un autre contexte.**

Exemple : « pénibilité »

1. On considère que le travail est pénible / qu'il engendre de la peine, de la souffrance, des douleurs.

2. La pénibilité du travail devrait être prise en compte dans la durée des congés accordés aux travailleurs.

3. Les tourments causés par son départ ne sont pas encore apaisés.

a. « vilipender »
– reformulation : ....
....
– réemploi : ....
....

b. « mettre au ban »
– reformulation : ....
....
– réemploi : ....
....

c. « s'en prendre à »
– reformulation : ....
....
– réemploi : ....
....

d. « pléthore »
– reformulation : ....
....
– réemploi : ....
....

e. « cupidité »
– reformulation : ....
....
– réemploi : ....
....

f. « s'amenuiser »
– reformulation : ....
....
– réemploi : ....
....

g. « assouvir ses besoins »
– reformulation : ....
....
– réemploi : ....
....

Exercice 4

○ *Source :* texte « Sommes-nous faits pour travailler ? » (p. 31 : livre élève)
○ *Objectif :* étude lexicale

Lire texte 2 : « La révolution industrielle et le travail »

▶ Dans un système capitaliste, elle **revient aux** propriétaires des moyens de production. Le travailleur est doublement aliéné, économiquement et sociologiquement. Du point de vue économique [...]

▶ le travailleur, bien loin de rester courbé sur sa tâche, **ne perd pas de vue** ses collaborateurs.

▶ Le système taylorien a aussi mis *Le Travail en miettes* (titre de l'ouvrage de G. Friedmann) Pour G. Friedmann, « l'observation quotidienne, au niveau des ateliers, nous offre de nombreux exemples d'**éclatement** des tâches ». [...]

▶ L'excès de division du travail **nuit aux** travailleurs et à la qualité du travail.

▶ Il faut tout faire pour éviter que l'insatisfaction au travail ne se transforme en une **amertume** risquant de favoriser des comportements **déviants** (agressivité, violence) qui **nuiront** à la **cohésion** sociale.

Recherche de synonymes

1. **Observez les contextes dans lesquels les mots en gras sont utilisés.**
2. **Trouvez les mots et expressions synonymes pour les paraphraser. Utilisez le dictionnaire.**
3. **Réemployez ces mots et expressions dans d'autres contextes.**

Exemple : « *revenir à...* »

Synonyme : *être attribué à... / donné à...*

Ré-emploi : *les bénéfices de cette affaire vous reviendront.*

a. « perdre de vue »
– synonyme : ....
– réemploi : ....
....

b. « aliéné »
– synonyme : ....
– réemploi : ....
....

c. « travail en miettes »
– synonyme : ....
– réemploi : ....
....

d. « éclatement »
– synonyme : ....
– réemploi : ....
....

e. « nuire à »
– synonyme : ....
– réemploi : ....
....

f. « amertume »
– synonyme : ....
– réemploi : ....
....

g. « déviant »
– synonyme : ....
– réemploi : ....
....

h. « cohésion »
– synonyme : ....
– réemploi : ....
....

Exercice 5

○ *Source :* texte « Le travail au Moyen Âge » (p. 31 : livre élève) + précis grammatical :
cause et conséquence

○ *Objectif :* expression de la cause et de la conséquence

A. Expression de la cause

– Relisez le texte « Le travail au Moyen Âge » et l'étymologie du mot « travail ».

– Recherchez les causes de la malédiction et presentez-les en une brève synthèse qui met l'accent sur la cause.

– Consultez dans le précis grammatical du livre de l'élève, la rubrique « cause et conséquence ».

....
....
....
....
....
....
....
....
....
....
....
....
....
....
....
....
....
....
....
....
....
....

B. Expression de la conséquence

– Relisez le texte « la révolution industrielle et le travail ».

– Relevez les éléments qui introduisent la cause (ou l'explication) et ceux qui introduisent la conséquence et observez leur fonctionnement.

– Répondez de manière synthétique aux questions suivantes en utilisant des procédés divers d'expression de la conséquence.

1. Pour les économistes du XVIIIe siècle, quelles sont les conséquences du travail ?
....
....
....

2. Pour Karl Marx qu'entraîne le système capitaliste ?
....
....
....

3. Pour Durkheim, quelles sont les conséquences de la division du travail ?
....
....
....

4. Et pour Georges Friedmann ?
....
....
....

5. Comparez les points de vue de Durkheim et de Friedmann.
....
....
....

Exercice 6

○*Source :* texte « Un point de vue humaniste » de Dominique Schnapper
(p. 34 : livre élève)+ précis grammatical = la mise en relief + étude
linguistique et discursive du texte dans le livre de l'élève
○*Objectif :* la mise en relief

Relisez le texte « Un point de vue humaniste » et observez
les débuts de paragraphes et les procédés linguistiques qui
mettent en valeur la partie de l'énoncé placée en tête.

Exercices de réécriture

**– Réécrivez le texte suivant en utilisant des procédés
de mise en valeur, tels que :**

    – Place en début de phrase

    – Mise en relief syntaxique

    – Propositions incises

    – Expression des relations de cause
      à conséquence

Les Occidentaux ont toujours attaché une grande importance à la production d'objets et donné de la valeur au travail, ils voulaient maîtriser la nature. C'est ainsi que la révolution industrielle est née en Occident.

Les techniques se sont développées, le temps de travail s'est réduit, et la productivité s'est améliorée. Alors le besoin en main-d'œuvre a diminué et le chômage est apparu.

On ne peut pas le maîtriser, il faut trouver de nouvelles solutions. Il n'est pas dégradant de travailler au service des autres. Mais, de nos jours, nous respectons davantage les métiers qui sont productifs, tels que les métiers d'ingénieur ou d'homme d'affaires. Les métiers de médecin ou d'enseignant qui sont occupés par des femmes, ont une image moins valorisante. C'est une erreur. La société a autant besoin de ces professions que des autres, et ils contribuent au maintien des bonnes relations entre les hommes.

Exercice 7

> **Source :** texte « Un point de vue humaniste » de Dominique Schnapper
> (p. 34 : livre élève)
> **Objectif :** la prescription

Relisez les trois derniers paragraphes du texte de Dominique Schnapper « Un point de vue humaniste »
et relevez les formes de la prescription.

Exercice de réécriture
– Réécrivez le texte ci-dessous en variant les procédés de la prescription et en mettant en valeur
  certaines parties de la phrase, celles qui paraissent importantes.

Exemple : Accepter l'idée d'apprendre plusieurs métiers deviendra une nécessité.

À l'avenir, pour lutter contre le chômage, il faut imaginer de nouvelles formes d'emploi. Les travailleurs auront à s'adapter à cette situation nouvelle. Ce qu'il leur faudra faire :

– abandonner l'idée de carrières régulières
– changer d'entreprise
– s'adapter à la demande
– accepter l'idée d'apprendre plusieurs métiers au cours de la vie

Ce que devra faire l'État :

– développer les emplois dans les services aux personnes
– valoriser la notion de service
– ne pas abandonner la logique productiviste qui est nécessaire à l'économie de la société.

Travail d'application : production personnelle
(avec réemploi des procédés étudiés)

Rédigez un texte personnel sur un changement de société qui vous paraît souhaitable.

....
....
....
....
....
....
....
....

Exercice 8

○ *Source :* texte « Un point de vue humaniste » de Dominique Schnapper
           (p. 34 : livre élève)
○ *Objectif :* comment introduire une citation

Texte de Dominique Schnapper « Un point de vue humaniste »

<u>Exemples :</u>

Comme disait Marx dans les *Manuscrits de 1844* : « C'est justement... »

Le rapport Boissonnat fait à ce sujet des propositions intéressantes sur lesquelles...
Il suggère par exemple, d'inventer un statut qui...

On revient à Montaigne : ce qui est important, ce n'est pas d'apprendre quelque chose,
mais d'apprendre à apprendre.

1. Notez les autres manières d'introduire une citation que vous rencontrerez dans les autres textes de Campus 4 :

....
....
....
....
....
....
....
....
....
....
....
....
....
....

2. Servez-vous de ces procédés dans vos travaux écrits quand vous avez besoin de « citer » un auteur.

....
....
....
....
....
....
....
....
....
....
....
....
....
....

Unité 3 Comment s'informe-t-on ?

Exercice 1

○ *Source :* texte « Virilio parle des médias » (p. 46 : livre élève)
○ *Objectif :* paraphraser pour dire son opinion

1. Relire le texte : extraire la phrase :

« Être, c'est être présent ici et maintenant »

2. Observez les paraphrases suivantes et relevez les procédés syntaxiques employés.

Paraphrases :

1. – *Si* je suis présent au monde, *cela signifie que* je suis situé dans le monde, *ce qui veut dire que* je vis dans un espace donné, un temps donné, dans une situation donnée.

2. *Quand Virilio dit qu'être présent au monde, c'est « être présent ici et maintenant »*, cela veut dire que nous ne pouvons comprendre le monde et y vivre que si nous acceptons de reconnaître notre déterminisme.

3. *Cette pensée* de Virilio *est liée* à la philosophie de l'existence, telle que Heidegger l'a définie dans son livre.[1] « Le hic et nunc » expression latine qui se traduit par « ici et maintenant ».

4. *Dire qu'* « *être, c'est être présent ici et maintenant »*, *c'est vouloir dire qu'il* n'y a pas d'existence sans situation ou sans contexte.
Et quand on sait que le contexte est déterminé par le lieu et le temps, on comprend mieux la réflexion de Virilio qui, étant architecte et urbaniste, s'est beaucoup intéressé à la place occupée par les individus dans leur espace personnel comme dans le cadre de la ville.

note
1. *L'Être et le Temps* de Martin Heidegger (1927).

Travail d'application

Paraphraser les phrases suivantes – extraites du texte de Virilio – pour expliquer à votre camarade, en classe, ce qu'elles signifient pour vous :

▶ La ville a toujours été un dispositif théâtral avec l'Agora, le parvis, le forum, etc.
....
....
....
....

▶ Ce qui est en cause derrière la question de l'espace virtuel, c'est la perte de la ville réelle.
....
....
....
....

▶ Les villes sont au bord de l'implosion.
....
....
....
....

▶ La télévision est déjà un média survivant.
....
....
....
....

Exercice 2

⬭ *Source :* texte « La quatrième fenêtre » de Charlélie Couture (p. 41 : livre élève)
⬭ *Objectif :* l'expression valorisante d'un objet abstrait

Charlélie Couture a mis en valeur Internet dans la première partie de son article « Points de vue » sur Internet.

Paragraphe 1

Internet est une cyberlucarne ouverte sur un monde sans limites par laquelle l'esprit peut s'échapper vers d'autres utopies. Quitter les lois qui régissent l'univers pragmatique pour s'envoler, tel Peter Pan, à travers l'écran de la quatrième fenêtre. Quand les statisticiens réalistes, ivres de vérités chiffrées infaillibles, savent « trop » bien définir tout ce qui nous entoure, il est bon d'imaginer que l'on peut trouver ailleurs une autre solution… Internet permet de tromper la fatalité, d'inventer une issue, un endroit où tout est possible, à travers cet enchevêtrement complexe d'envies tous azimuts.

Paragraphe 2

Internet fait rêver ?
Tant mieux, c'est une alternative à ce pouvoir monopolisé depuis une trentaine d'années par les as de la calculette. L'imagination est une drogue naturelle que la quantification rationnelle pervertit. Les systèmes de diffusion du savoir considèrent la valeur des objets ou des idées en fonction du profit qu'ils peuvent générer, l'intérêt d'une information est lié à l'impact produit sur « le plus grand nombre », oui, nous vivons une époque trop précise. Il n'y a pas de prophétie mathématiquement évaluable. L'humanité a besoin d'avoir la foi en son avenir. Les hommes qui n'ont plus d'espoir deviennent violents ou nostalgiques. […]

Paragraphe 3

Avec ses vices et ses vertus, avec ses gros mensonges et sa générosité, avec sa bêtise, Internet est un délicieux chahut poétique, une culture nouvelle à part entière, incontrôlable (tout au moins incontrôlé pour l'instant). Internet est seulement humain ! Riche et varié, rempli de paradoxes, Internet est rempli d'humeurs contradictoires, mais ces contradictions ne sont-elles pas justement le propre de l'Homme ? La honte qui pèse sur les hommes, c'est le mépris d'autrui, l'humiliation et l'atteinte à la dignité. Bien sûr, Internet ne résout pas toutes les énigmes. Mais peut-on décemment croire un jour trouver une solution à tous les problèmes ? Il y a même des slalomeurs heureux qui plantent des poteaux pour mieux les éviter.

Analyse
Étude de l'organisation des paragraphes

Paragraphe 1
Relevez dans le texte l'expression de chacun des points de l'argumentation :

Schéma argumentatif	Extraits du texte
▶ la métaphore montrant l'ouverture apportée par Internet	–
▶ le sens de cette métaphore	–
▶ le premier argument pour justifier l'idée	–
▶ le second argument	–
▶ le troisième argument	–
▶ le jugement de valeur qui termine le paragraphe	–

– Comment interprétez-vous l'idée de « désorganisation » ?

Paragraphe 2

Le paragraphe 2 réfute les arguments contraires à Internet que pourrait soulever
l'idée de « désorganisation ». **Relevez-en l'expression.**

Schéma argumentatif	Extraits du texte
▶ la réfutation synthétique qui débute le paragraphe	–
▶ le premier argument contraire	–
▶ la manière dont il est réfuté	–
▶ le deuxième argument contraire	–
▶ le troisième argument contraire	–
▶ la réfutation de cet argument	–
▶ la conclusion	–

Paragraphe 3

Ce paragraphe développe de nouveaux arguments fondés sur les aspects « contradictoires »,
positifs et négatifs, d'Internet. **Quel en est le contenu ?**

Schéma argumentatif	Extraits du texte
▶ les qualités d'Internet	–
▶ les défauts d'Internet	–
▶ la première fonction d'Internet	–
▶ Qu'est-ce qui rend Internet humain ?	–
▶ La morale qu'en tire Charlélie Couture.	–

– Dites quelle est la qualité formelle du texte, quelles sont ses qualités stylistiques.

Production écrite

**Par petits groupes (2 ou 3), choisissez un objet à décrire. Puis choisissez les procédés linguistiques
qui vous intéressent parmi ceux utilisés par Charlélie Couture et faites un paragraphe pour décrire
cet objet « à la manière de… » Charlélie Couture.**

Rappel de quelques procédés :

1. Mise en tête de l'énoncé :
– « avec ses vices et ses vertus… »
– « Riche et varié, rempli de paradoxes… »
– « Insatisfait sera toujours celui à qui l'on promet
la lune »

2. Questions rhétoriques :
– Internet fait rêver ? Tant mieux.
– Ces contradictions ne sont-elles pas justement
le propre de l'homme ?
– L'homme sera-t-il un jour remplacé par la
machine ?

Exercice 3

◌ *Source :* texte « Les méfaits de la technique » de Jacques Ellul (p. 44 : livre élève)
◌ *Objectif :* la description critique d'un objet abstrait

Texte de la 4ᵉ de couverture :

▶ La Technique, pour Ellul, est le facteur déterminant de la société. Plus que le politique et l'économie. Elle n'est ni bonne ni mauvaise, mais ambivalente. Elle s'auto-accroît en suivant sa propre logique. Elle piétine la démocratie. Elle épuise les ressources naturelles. Elle uniformise les civilisations. Elle a des effets imprévisibles. Elle rend l'avenir impensable. Grâce à l'informatique, la Technique a changé de nature : elle forme, à l'intérieur de la société, un « système technicien ». L'informatique, en unifiant tous les sous-systèmes (téléphonique, aérien, de production et distribution d'énergie, etc.), lui a permis de devenir un tout organisé, lequel vit à l'intérieur de la société, la modèle, l'utilise, la transforme. Mais ce système, qui s'auto-engendre, est aveugle. Il ne sait pas où il va. Et il ne corrige pas ses propres erreurs.

*Un livre indispensable pour qui ne veut
pas penser en rond.*

Texte de Jacques Ellul : **Les méfaits de la technique :**

▶ Elle se développe sans aucun contrôle démocratique. Elle est devenue une religion, qui ne supporte pas d'être jugée. Elle renforce l'État, qui la renforce à son tour. Elle épuise les ressources naturelles. Elle uniformise les civilisations. Elle tue la culture.

– Elle dépouille l'homme politique de son pouvoir.

– Elle a réorganisé les classes sociales : au bourgeois a succédé le technicien.

– Elle n'a aucune possibilité de déclencher la seule révolution nécessaire : celle qui permettrait de « quitter les rails de la croissance économique ».

– Au contact de la technique, les religions s'effacent devant l'apparition d'un mysticisme de pacotille et de nouveaux dieux.

– La technique crée du temps pour l'homme au détriment de l'espace qu'elle réduit.

La critique de Jacques Ellul est fondée sur un postulat :« La technique s'auto-accroît en suivant sa propre logique et modèle la société ».
Jacques Ellul décrit les effets du conditionnement de la société et, donc de l'homme, par la technique.

Observez deux procédés d'écriture :

1. La succession de phrases courtes, au présent, décrivant les effets négatifs de la technique. Cette succession rapide vise à informer, imprimer fortement ces aspects négatifs dans l'esprit du lecteur : « Elle renforce l'État, qui la renforce à son tour. Elle épuise les ressources naturelles. Elle uniformise les civilisations. Elle tue la culture. »

2. Des procédés d'argumentation classique utilisés pour montrer le fonctionnement du système technicien :

Schéma argumentatif	Extraits du texte
▶ Effet potentiellement négatif de l'informatique	*L'informatique permet la croissance illimitée des organisations économiques et administratives.*
▶ Négation d'une conséquence possible	*La société n'est pas pour autant devenue une Méga - machine dont les hommes seraient les rouages.*
▶ Restriction de la négation	*Mais la liberté de l'homme se réduit comme peau de chagrin.*
▶ Reprise de la négation de conséquence, assortie d'une condition	*À l'intérieur du système, à condition de consommer... l'homme est certes libre et souverain.*
▶ Reprise de la restriction	*Mais cette liberté est artificielle et sous contrôle.*
▶ Commentaire final	*Sortir de cet encerclement relève de l'héroïsme.*

– Vous observerez que les marques linguistiques de cette argumentation sont peu nombreuses :
– *pour autant :* malgré les effets possibles de la situation décrite dans l'énoncé ci-dessus, nous n'en sommes pas encore là.
– *à condition, certes :* je le concède, l'homme est encore libre à condition de consommer.
C'est le *contenu sémantique* des énoncés qui permet de dégager le schéma argumentatif.

Travail d'application

1. Réécrivez les phrases ci-dessous en autant de phrases courtes que vous le pourrez :

a. Elle a réorganisé les classes sociales : au bourgeois, a succédé la technicien

b. Elle n'a aucune possibilité de déclencher la révolution qui permettrait de sortir des rails de la croissance économique

c. Au contact de la technique, les religions s'effacent devant l'apparition d'un mysticisme de pacotille et de nouveaux dieux.

d. La technique crée du temps pour l'homme au détriment de l'espace qu'elle réduit.

2. En utilisant le schéma argumentatif de Jacques Ellul ou un schéma voisin, vous écrivez un paragraphe pour défendre l'idée inverse : les bienfaits de l'informatique :

– Effet potentiellement positif

– Négation de l'effet positif possible

– Restriction à cette négation

– Reprise de la négation de conséquence positive

– Reprise de la restriction

– Commentaire final

Exercice 4

○ *Source :* texte : Virilio parle de l'informatique (p. 45 : livre élève)
○ *Objectif :* critique démonstrative d'un objet abstrait

Virilio utilise un mode de description de l'informatique qui vise à en expliquer le fonctionnement et donc à en prévoir les effets.

Paragraphe 1

On ne peut pas comprendre le développement de l'informatique sans sa dimension cybernétique. Ce n'est pas un hasard si on parle de cyberespace. Les autoroutes de l'information sont liées à un phénomène de feed back, de rétroaction. Nous sommes devant un phénomène d'interactivité qui est tendanciellement en position de priver l'homme de son libre arbitre pour l'enchaîner à un système de questions/réponses qui est sans parade. Quand certains vantent le cerveau mondial en déclarant que l'homme n'est plus un homme, mais un neurone à l'intérieur d'un cerveau mondial, et que l'interactivité favorise ce phénomène, c'est plus que la société de contrôle, c'est la société cybernétique. Si le modèle est celui des abeilles ou de je ne sais quel système autorégulé, c'est le contraire même de la liberté et de la démocratie.

Paragraphe 2

Je le répète, il n'y a pas d'acquis sans perte. Notre société en est arrivée à une conclusion. Il n'y a plus d'athéisme véritable. À cause de deux siècles de révolution industrielle et scientifique, la liquidation du dieu de la transcendance et du monothéisme a abouti à la mise en orbite d'un dieu-machine, d'un deus ex machina. Dieu-machine de l'information après avoir été dieu-machine de l'énergie atomique. Nous ne pouvons pas faire comme si nous étions des incroyants. Désormais, il faut choisir sa croyance. Ou bien on croit à la technoscience – on est alors partisan de l'intégrisme technique –, ou bien on croit au dieu de la transcendance. Se prétendre athée est une illusion. Les athées, aujourd'hui, sont en réalité les dévots du dieu-machine.

Analyse

Paragraphe 1 : critique démonstrative

Schéma argumentatif	Texte + commentaire simple résumé
▶ Explication du développement de l'informatique	« On ne peut pas comprendre le développement de l'informatique sans sa dimension cybernétique » c'est-à-dire le phénomène de feed-back ou rétro-action, pour l'homme le phénomène d'interactivité.
▶ Conséquence	– L'enchaînement de l'homme à un système de questions/réponses le prive de son libre-arbitre. Il est devenu un neurone dans une société cybernétique.
▶ Déduction	– Si le modèle est celui des abeilles ou d'un quelconque système auto-régulé, alors c'est le contraire de la liberté et de la démocratie.
▶ Phrase synthétique résumant l'idée de dissociation	« L'interactivité est à la bombe informatique ce que la radioactivité est à la bombe atomique. »

Paragraphe 2 : critique démonstrative

Schéma argumentatif	Texte + commentaire simple résumé
▶ Énoncé d'un constat fondé sur un postulat	
▶ Explicitation de la cause	
▶ Conséquence et mise en demeure	

Travail d'application

Recherche des schémas des textes de Virilio :

– Analysez les démonstrations de Virilio sur l'espace et sur la corporéité.

– Dégagez les grandes lignes et le contenu qui explicite chaque partie du schéma.

– Vous analyserez à part le paragraphe sur la ville. (« c'est la ville tout entière »… jusqu'à la fin du texte).

....
....
....
....
....
....
....
....
....
....

Exercice 5

○ *Source :* textes de Charlélie Couture, Jacques Ellul, Paul.Virilio
○ *Objectif :* exercices de synthèse / production écrite libre

Exercice 1 :
Faites la synthèse des aspects positifs d'Internet tels qu'ils se dégagent du texte de Charlélie Couture.
Voici un fil directeur possible pour votre synthèse : en quoi Internet est supérieur aux autres moyens d'information.

Exercice 2 :
Faites le même exercice de synthèse du texte de Jacques Ellul, en montrant les aspects sociaux négatifs et les aspects individuels négatifs liés à l'informatique.

Exercice 3 :
Expliquez en une phrase la raison pour laquelle Paul Virilio pense que l'informatique prive l'homme de sa liberté.

Production écrite libre

Sujet 1 :
Relisez le paragraphe du texte de Jacques Ellul intitulé : « le premier pas vers la liberté » et montrez comment, d'après vous, on peut mettre en œuvre les idées qu'il propose :

- – développer les capacités d'indépendance
- – provoquer à penser

Cherchez vos arguments, illustrez-les d'exemples et puis rédigez.
....
....
....
....
....
....
....
....
....
....
....
....
....

Sujet 2 :
Duquel des trois auteurs vous sentez-vous le plus proche ? Expliquez pourquoi et faites un commentaire critique des deux autres.
....
....
....
....
....
....
....
....
....
....
....
....
....
....
....
....
....
....
....

Unité 4 La mode

Exercice 1

○ **Source :** texte de Christian Lacroix (p. 63 : livre élève)
○ **Objectif :** exposer son point de vue

ACTIVITÉS d'ORAL
Observez
Repérez les manières de dire de Christian Lacroix pour exposer son point de vue sur la mode.
Cet article de journal est une interview.
Aussi peut-il nous servir à repérer des procédés oraux d'énonciation.

Analysez les manières de dire

Nouvel Observateur : Est-ce le retour de la haute couture ?
Christian Lacroix : « *La haute couture n'est pas indestructible... Parce qu'elle est en vie, précisément !* » *Et comme* toute chose vivante, elle...
Ce qui me semble par contre..., c'est...
Bien entendu...
Quand j'ai commencé... (narration d'une expérience personnelle au passé qui justifie la position de C. L. qui a changé).
C'était une évidence implacable... (commentaire et jugement sur cette opinion devenue obsolète).
Et puis, *au fil du temps...* (mise en perspective de son « jugement » à cause du temps).
Le vêtement a demandé *non pas à se justifier mais à exister* en tant que vrai vêtement et non pas comme quelque chose de très savant ou de très habile.
Je ne crois pas du tout à la robe artificielle... (énonciation de son jugement personnel au terme de cet « exposé » jugé objectif puisque historique / emploi de l'adverbe « du tout » qui souligne l'opinion négative / à la robe artificielle = emploi de l'adjectif-clé négatif par excellence pour un grand couturier car c'est l'artifice, le non-authentique) + emploi de la proposition relative qui caractérise et précise la fonction de cette robe artificielle : *qui n'est là que pour prouver un savoir-faire.*
(cela est l'absolu négatif pour Christian Lacroix : le savoir-faire ne doit pas être apparent, il est invisible parce que totalement essentiel à la HAUTE COUTURE précisément. La haute couture se différencie fondamentalement du prêt-à-porter parce que la robe est faite entièrement à la main ! D'où cette insistance de Christian Lacroix : pas d'artifice : il n'a pas besoin de montrer son savoir-faire puisqu'il est un grand couturier).
Aujourd'hui, la couture me plaît (assertion positive qui met « la couture » en sujet réel du verbe plaire).

ACTIVITÉS
Repérage de l'emploi de la litote

La litote est une figure du discours qui joue sur la caractérisation intensive d'une information. La litote consiste à *dire moins* pour *faire entendre davantage*, c'est-à-dire à choisir une expression atténuée de manière à renforcer l'information. La litote est toujours chargée d'une certaine vibration émotive.

Christian Lacroix : « la haute couture *n'est pas indestructible*. Parce qu'elle est en vie, précisément.

1. Emploi de la double-négation
__Exemple :__ *La haute couture n'est pas indestructible*

Cette litote exprimée par la double négation insiste sur la possibilité de la destruction de la haute couture donc sur sa fragilité. Cet emploi de la litote est fréquent à l'oral. Il permet au locuteur « de dire sans dire », une manière de prendre une distance par rapport à son jugement ou ses sentiments.

Comparez les réponses des locuteurs B1 et B2 dans ces mini-situations quotidiennes.

A : « Peux-tu m'aider à écrire ma lettre de motivation ? »
B1 : « Oui, avec plaisir ! »
B2 : « Ce n'est pas impossible ! »

A : « Pardon, Monsieur, est-ce que je peux fumer ? »
B1 : « Ce n'est pas gênant ! »
B2 : « Oui, bien sûr ! »

A : « Elle est belle cette robe non ? »
B1 : « Elle n'est pas mal ! »
B2 : « Elle est magnifique ! »

Prenez la parole

Mettez-vous par deux et choisissez des situations de la vie quotidienne.

Répondez en employant une litote... *à propos de vêtements, du temps, du cours de langue française, de la nourriture, d'un livre, d'un film...*

L'intérêt de cette activité est de vous faire trouver des *litotes quotidiennes* comme :

À l'oral, dans un registre «relâché »,
voire «familier »

« C'est pas grave ! »
« C'est pas mal ! »
« C'est pas terrible ! »
« C'est pas super ! »

Dans un registre standard

« Ce livre n'est pas illisible... mais c'est tout comme ! »
« Cet hôtel n'est pas un trois étoiles, mais il n'est pas inabordable non plus ! »
« Tu veux acheter cet appareil photo numérique ! Mais ce n'est pas indispensable ! »
« Quel film ! Impossible de l'oublier ! »

2. Emploi de l'adverbe
Repérage des adverbes qui modulent l'expression et soulignent la position argumentée du locuteur

1. « parce qu'elle est en vie, *précisément.* »
2. « je ne crois pas *du tout...* »
3. « Bernard Arnault est *un peu* un apprenti sorcier... »
4. « mais je crois *sincèrement...* »
5. « il a mis la main sur quelqu'un qui est *peut-être* le seul contemporain. »
6. « il y a de la nostalgie mais elle s'exprime de manière *tellement* débridée, *tellement* bohémienne ... *qu'*elle est transcendée. »

Analysez

L'énoncé 1 : un adverbe « *précisément* » placé en fin de phrase module le sens de toute la phrase, il ajoute une nuance de précision, de clarté à l'énoncé.

L'énoncé 2 et l'énoncé 4 : l'adverbe module le sens du verbe placé juste devant lui ; il modalise le sens du verbe « croire » employé négativement ; ici il

intensifie le propos : il l'absolutise : je ne crois pas *du tout* ! Et en 4, il ajoute une nuance très personnelle « je crois *sincèrement*. » La sincérité est une valeur morale pour Christian Lacroix.

L'énoncé 5 : l'adverbe « *peut-être* » modalise le verbe et atténue la force énonciative exprimée par l'adjectif superlatif « le seul contemporain ».

L'énoncé 6 : l'adverbe « *tellement* » répété deux fois associé à deux adjectifs très bien choisis, très évocateurs « débridée » et « bohémienne » intensifie le propos et permet *une construction consécutive* qui met en relief le verbe final au sens très fort « transcender ». Galliano n'est pas un grand couturier nostalgique mou ! Mais un nostalgique qui a su *transcender* sa propre nostalgie pour la métamorphoser, en faire « autre chose » bien à lui !

▶ Organisez dans la classe un jeu de rôles où l'un joue le rôle d'un grand couturier et l'autre un journaliste spécialiste de mode : et au cours de l'entretien, ponctuez votre discours avec des adverbes employés selon les modèles proposés.

▶ Enregistrez-vous si vous le pouvez.

▶ Jouez avec les *adverbes de phrase*

.... décidément / .... justement /
.... vraiment /

.... précisément / .... forcément /
.... indubitablement/

.... sûrement/ .... certainement /
.... assurément/

▶ Jouez avec les *adverbes de verbes d'opinion*

« Je ne crois pas du tout que ce que l'on porte soit important / je crois absolument que la mode est essentielle à notre vie »
« Je crois beaucoup en toi, comme futur styliste international / je ne crois pas tellement à cette manière de porter des vieux vêtements que l'on rénove : les fripes ! »
« Je crois peu en tes capacités d'entrepreneur mais beaucoup plus en ta capacité de créateur... »

▶ Jouez avec toute la gamme des *adverbes d'intensité*
Peu / un peu / plus / moins / beaucoup plus / beaucoup / beaucoup moins/

Exercice 3

○*Source :* texte de Christian Lacroix (p. 63 : livre élève)
○*Objectif :* comparer dans la ressemblance et dans la différence

Relire le texte
Analyse des procédés linguistiques de la comparaison

Comparer, c'est déjà porter un jugement
En effet, lorsque l'on compare la qualité ou la forme de telle jupe ou de tel pantalon, on cherche à sélectionner donc à élire l'un par rapport à l'autre. Lorsque l'on compare deux personnes ou deux choses, elles peuvent avoir entre elles soit un rapport de similitude soit de différence.

Comparaison entre deux personnes
Galliano **ou** Mac Queen, tous deux sont de jeunes couturiers talentueux.

Ni Galliano **ni** MacQueen ne sont français **mais** Christian Lacroix lui l'est.

Soit Galliano **soit** Mac Queen peuvent être considérés comme les nouveaux couturiers capables de changer quelque chose dans le monde de la haute couture française.

Comparaison entre deux choses
Parfois, c'est la collection d'hiver qui a le plus de succès, **parfois**, c'est celle d'été, c'est selon, cela dépend des années…

Tantôt, ce sont les parfums, **tantôt** ce sont les cosmétiques qui permettent à ces maisons de luxe d'équilibrer leur chiffre d'affaires.

Marquer la différence voire l'exclusivité
Sans le parfum N°5, la maison Chanel n'aurait pas eu les moyens financiers de construire l'entreprise que l'on connaît.

Des ateliers spécialisés au savoir-faire légendaire comme ceux de la fabrication artisanale de la dentelle sont souvent localisés en province, **excepté** la maison Lesage, brodeur célèbre à Paris avec qui travaillent Dior, Yves Saint Laurent ou Christian Lacroix.

Sauf si vous possédez une grande fortune, il vous sera impossible de vous acheter une robe haute couture, son coût est hors de portée d'une bourse normale !

Travail d'application

En reprenant les textes de Christian Lacroix (« Propos sur la mode », p. 56 et p. 63 : livre de l'élève), travaillez ces constructions en les réutilisant dans un contexte de votre choix.

EXEMPLES
▶ Emploi d'un nom
Exemple : – *Le prêt-à-porter ou la haute couture* sont devenus des vitrines d'un art du vêtement qui tend à se personnaliser de plus en plus.

Ni… Ni… mais

Soit… soit…

Parfois… parfois…

Sans…

Excepté…

Sauf si…

▶ Emploi d'un adjectif
Exemple : *Féminine ou garçonne*, la mode fait la loi.

....
....
....

▶ Emploi d'un adverbe
Exemple : *Historiquement ou sociologiquement*, porter un vêtement n'a jamais été neutre.
De tous temps le vêtement a joué un rôle social d'appartenance ou de statut.

....
....
....

▶ Emploi d'un verbe
Exemple : – Un styliste *gagne ou perd* selon le succès de sa collection d'hiver ou d'été.
Le monde de la mode est dur, exigeant.
Le travail est intense et ne connaît pas de répit…

....
....
....

Exercice 4

> *Source :* texte « Propos sur la mode » de Christian Lacroix (p. 56 : livre élève)
> *Objectif :* argumenter votre position en donnant la définition du mot-clé qui soutient votre opinion

Relire le texte

Le look a probablement été le mot le plus mortel inventé par la décennie car synonyme d'effacement de la personnalité et de négation de l'intérieur au profit de l'extérieur. Mais, au-delà de cette définition, il faut savoir faire la différence entre les codes protéiformes de certaines familles qui peuvent superficiellement ne passer que pour des panoplies – en fait riches de fantaisies, d'échappées et de possibilités comme celle des rappeurs –, et l'aveuglement qui consiste à endosser l'uniforme de telle ou telle griffe. Cela a pu être le comble de l'élégance à l'époque où l'on avait son couturier attitré, mais certainement plus aujourd'hui dans un paysage des griffes où même le vrai a l'air du faux.

Analyse et repérage des procédés discursifs de l'argumentation de Christian Lacroix

1. Emploi d'un superlatif : *le mot le plus mortel*

2. Justification par une proposition causale, ici introduite par *car…*

3. Énonciation d'une restriction : *Mais…*

4. Dépassement du sens donné par la définition : *au-delà de cette définition…*

5. Énonciation d'une nécessité qui approfondit le sens donné par la définition : *il faut savoir faire la différence entre A et B.*

Travail d'application

Exemples de réécriture

Sur un mot abstrait : – le mot « liberté »

La liberté est certainement **le mot le plus important** pour moi **car** il résume politiquement l'héritage de la Révolution française. **Mais** cet héritage, **au-delà de** son origine historique même, a donné naissance à de nombreux dévoiements. **Il faut savoir faire la différence** entre la liberté personnelle et la liberté du citoyen. Celle de l'individu s'arrête là où celle d'autrui intervient…

Sur un mot concret : – le noir

Le noir est certainement **la couleur la plus à la mode** aujourd'hui **car** synonyme de chic et de sobriété. Mais, cette couleur n'a pas toujours été la préférée des couturiers étant pour l'Occident la couleur du deuil. C'est Coco Chanel qui avec sa petite robe noire en 1930 a mis cette couleur à la mode. **Mais** le noir – **au-delà de** sa symbolique, n'est pas monochrome. En effet, **il faut savoir faire la différence** entre noir et noir. Il y a le noir brun, rouge, jaune et surtout le noir peut « tuer » votre visage, si vous ne savez pas l'accorder avec une autre couleur : un rouge ou un beau bleu ou un maquillage bien étudié…

Choisissez *un mot-clé dans le domaine de la mode*, **par exemple une couleur que vous aimez tout particulièrement. Vous cherchez à en faire sa définition pour défendre votre point de vue.**

....
....
....
....
....
....
....
....
....
....
....
....
....
....
....
....
....
....
....
....

Exercice 5

○ *Source :* document sonore de l'unité et document « le saviez-vous ? »
(p. 62 : livre élève)
○ *Objectif :* argumenter à l'oral pour convaincre

Imaginons que vous ayez à défendre la haute couture dans un grand groupe financier comme LVMH, voilà ce que pourrait être votre discours pour convaincre vos partenaires financiers.

A. Argument : la haute couture doit être soutenue financièrement

Dans le contexte économique actuel où la mondialisation semble imposer les mêmes normes vestimentaires pour tous, il me semble indispensable de résister à cette monotonie déferlante quelque peu morose et triste en donnant les moyens financiers à des entreprises de luxe comme la maison Dior ou Givenchy pour permettre à de jeunes talents de réaliser leurs visions personnelles de la mode.

En effet, c'est notre responsabilité financière de savoir préserver les valeurs de l'inutile y compris du luxe pour que l'utilitaire ne domine pas sur ce que Christian Lacroix appelle la poésie. Un monde sans poésie et sans beauté serait trop triste, n'est-ce pas ?

B. Argumenter la position inverse : il n'est plus possible de soutenir la haute couture

Argument : la haute couture ne peut plus être soutenue par notre groupe

Bien que, pendant un grand nombre d'années, notre groupe ait soutenu la haute couture, il ne me semble plus possible de continuer à le faire. Pourquoi ? Parce que le luxe aujourd'hui ne s'exprime plus avec les mêmes besoins qu'autrefois. Les femmes, en particulier, ne désirent plus que leurs maris milliardaires les habillent comme des princesses ! Elles ne veulent plus être ces objets majestueusement parés qui s'exposaient dans les salons de la haute société. Au temps des jets et des piscines chauffées, elles préfèrent de beaucoup posséder des villas ou des ranchs plutôt que des robes d'un soir ! Je vous propose, donc, de soutenir le champagne, le cognac, les produits de la parfumerie et de laisser mourir de leur belle mort ces maisons de haute couture qui devront apprendre à se reconvertir... en continuant à nous étonner avec leurs fragrances, ces parfums subtils comme déjà l'avait compris notre chère Chanel... il y a de cela des lustres !

Travail de production personnelle orale

Repérez les procédés employés et faites à votre tour une argumentation pour défendre votre position pour ou contre dans un contexte de votre choix lié à votre situation d'étudiant : examens, évaluations trimestrielles ou semestrielles, notes ou non. Le sujet de l'évaluation est toujours intéressant à débattre car il implique tous les participants de la classe.

Schéma de mise en forme de votre argumentation

1. Cherchez vos arguments : écrivez-les, cherchez le mot juste, les verbes les plus précis.

2. Cherchez les exemples qui exposent le bien-fondé de votre position : causes / conséquence / hypothèse.

3. Commentaire qui synthétise votre propos en le mettant en valeur.

▶ Préparez par écrit votre prise de parole :

....
....
....
....
....
....
....
....
....
....
....
....
....
....
....
....
....
....

Exercice 6

○ *Source :* texte pris à un site Internet : http://www.ac-nice.fr/physique/parfum
○ *Objectif :* travail d'expression lexicale sur le parfum

Introduction au texte

L'académie de Nice propose des sorties éducatives pour que les élèves des écoles primaires, ici des CM2, connaissent les richesses de leur région. Voici le texte écrit par des élèves de CM2 pour le site de l'Académie, après leur visite à l'usine de parfum de Grasse, réputée dans le monde entier pour ses parfums.

Remarque : les enfants s'adressent au lecteur du site en le tutoyant, ce qui crée une familiarité. L'acceptez-vous ?

Le nez

À Grasse, on appelle le parfumeur un « nez ».

Pour devenir parfumeur, tu devras rester six ans dans une société. Tu apprendras à reconnaître les odeurs naturelles et les odeurs synthétiques (inventées par les chimistes), tu composeras des parfums pour les cosmétiques, les soins capillaires et corporels, et pour les produits ménagers.

Pour devenir un bon parfumeur, il faut s'entraîner tous les jours pour apprendre à reconnaître les odeurs et s'en souvenir. Là où un nez « normal » ne reconnaît qu'une douzaine de parfums, celui du parfumeur en reconnaît environ 2000. Le parfumeur est précis : il mesure, il mélange, il teste, il sent. Pour sentir toutes ces odeurs, il utilise des papiers appelés mouillettes.

Au début du siècle, le parfumeur travaillait devant un orgue à parfum. Aujourd'hui, il travaille dans un laboratoire en face de milliers de flacons. À Grasse, il existe une école de parfumerie et une autre à Versailles. Aujourd'hui, le parfumeur travaille en équipe.

Avant de lancer un parfum : l'équipe réfléchit à la cible (celui ou celle qui achètera ce parfum), le sexe, l'âge, la catégorie sociale, la personnalité, la famille d'odeurs... – Elle rencontre cinq à dix sociétés. En France trois grandes maisons ont leur parfumeur personnel : Chanel, Guerlain et Jean Patou.

Expression orale

▶ **Voudriez-vous être parfumeur ? Quels sont les parfums que vous aimez ? Discutez-en entre vous.**

▶ **Pouvez-vous donner des noms de couleur aux parfums que vous aimez ?**

....
....
....
....
....
....
....
....
....
....
....
....
....
....
....
....
....
....

Exercice 7

⊃ *Source :* texte « Sommes-nous victimes de la mode ? » de G. Erner (p. 60 : livre élève)
⊃ *Objectif :* analyse d'un phénomène social

Exercice 1 : résumé écrit

Le phénomène de la mode est décrit d'un point de vue sociologique par G. Erner.
Relisez la première partie du texte « le Moi comme ultime utopie » et l'exercice de repérage proposé dans le livre de l'élève.

1. Faire les repérages
2. En tenant compte des reformulations orales que vous aurez faites du texte, vous ferez un résumé écrit de cette première partie.

....
....
....
....
....
....
....
....
....
....

Exercice 2 : analyse du texte « une mutation anthropologique »

Relevez ce qui est dit des aspects suivants :

Thèmes	Extraits du texte
▶ La crise économique	
▶ La définition générale de la crise économique	
▶ Les manifestations de la crise anthropologique	
▶ La différence entre la société actuelle et la société traditionnelle	
▶ La signification de la relation aux marques (que révèle-t-elle de la société ?)	
▶ Le cas du Japon	

Exercice 3

Relisez le point de vue de Bourdieu sur la mode et répondez aux questions.

– **G. Erner adopte-t-il l'analyse de Bourdieu sur la mode ? (Qu'en pense-t-il ?)**

....
....
....
....

– **Quelles marques linguistiques permettent d'interpréter la pensée de G. Erner sur Bourdieu ?**

....
....
....
....

Production libre

À partir de la rubrique « Prendre position » (étude du texte de G. Erner dans le livre de l'élève), rédigez un texte en donnant votre position sur le phénomène de la mode, tel que vous le percevez actuellement.

Vous pouvez reprendre quelques idées du texte de G. Erner pour les critiquer ou les nuancer.

....
....
....
....
....
....
....
....
....
....
....
....
....

Exercice 1

○ *Source :* texte « Nicolas de Staël, une peinture fragile » de G. Lascaut (p. 69 : livre élève)
○ *Objectif :* étude lexicale de la couleur

Le critique s'efforce de saisir les sentiments que ressent l'auteur vis-à-vis des objets, en particulier de leur couleur.

La plume du peintre

Nicolas de Staël transfigure les éléments du cosmos. À 18 ans, en 1932, en Belgique, au collège Cardinal-Mercier, il décrit Troie qui brûle à partir de *L'Énéide*, de Virgile. Ce texte d'adolescence annonce certaines de ses peintures :

« Voici Troie dans la nuit qui s'allume. Le ciel est en feu, la terre en sang. L'air vibre et la chaleur brûle dans la nuit, sur les flots […], les carènes d'or, voiles d'argent et câbles blancs, portent Énée et ses rudes compagnons. »

Bien plus tard, en 1953, il évoque Cannes, « les mâts des bateaux fauchés et les blancs légendaires », « les flamboiements de l'aube au bruit des canots violets » ou bien (en 1952) la mer rouge, le ciel jaune, les sables violets. Les couleurs souvent violentes transforment l'air, la mer, le sol, les objets. Il se sent alors proche du fauvisme, à l'occasion d'une exposition du musée d'Art moderne. Parfois, il choisit la gamme des gris pour arpenter les côtes de la Manche et de la mer du Nord : la solitude, le froid du cap Blanc-Nez, du cap Gris-Nez, de Calais. Ou, plus souvent, la lumière de la Méditerranée lui paraît intense, crue, semble le trahir. La lumière est désirée et impitoyable. En 1955, il souffre : « Le bruit de la mer me brise les nerfs. Cela bat, cela cogne nuit et jour ! »

Des objets insaisissables

Nicolas de Staël s'interroge constamment sur l'objet toujours insaisissable. Parfois, vers 1945, dans une *Composition (La Gare de Vaugirard)*, un objet est voilé, brumeux, sombre, en partie mêlé à d'autres objets ; à ce moment, il se sent « gêné de peindre un objet ressemblant » et « gêné par l'infinie multitude des autres objets coexistants ». Parfois, il parle d'un objet comme d'un « prétexte » pour peindre.

Exercice 1

▸ **Soulignez dans le texte les moyens linguistiques pour décrire la couleur des objets et classez dans les rubriques suivantes ces différents moyens de caractérisation :**

▸ verbes	(la nuit) qui s'allume
▸ noms	(carènes) d'or
▸ adjectifs de couleur ou de nuance	blanc
▸ adjectifs psychologiques	violentes

▸ **Parmi les écoles de peinture suivantes : le symbolisme, l'impressionnisme, le fauvisme, et le cubisme, à laquelle se rattache cette description des couleurs ?**

Exercice 2

Relisez les autres paragraphes du texte (livre de l'élève) et relevez les passages où il est question de mouvement.

Exemple : « L'espace pictural est un mur mais tous les oiseaux du monde y volent librement ».

Exercice 3

Mettre en regard les extraits des citations de Nicolas de Staël et les titres choisis par le critique G. Lascaut.

Titres de l'article	Citations de Nicolas de Staël
des objets insaisissables	
des suggestions flottantes	
le mouvement est essentiel	
il espère des événements inattendus	
il parle de la peinture cruelle	

Exercice 2

○ *Source* : texte « Apprécier une œuvre d'art » de Zola (p. 74 : livre élève)
+ précis grammatical
○ *Objectif* : analyse d'un phénomène social

Exercice 1 : La désignation et la caractérisation
Qualifier les objets de la colonne de gauche en les comparant à un substantif de la colonne de droite.

Gauche	Droite
▶ un visage	◆ l'ange
▶ des yeux	◆ l'été
▶ un regard	◆ la mort
▶ une nuit	◆ l'oiseau
▶ une voix	◆ la campagne
▶ une volonté	◆ l'enfer
▶ un amour	◆ le velours
▶ une pluie	◆ la misère
▶ un vent	◆ l'acier
▶ un temps	◆ le fer
▶ une tristesse	◆ le plomb
▶ un orage	◆ la folie
▶ un silence	◆ l'orage
▶ un nuage	◆ la lune
▶ un pays	◆ les étoiles
▶ un désir	◆ le loup
▶ un appétit	◆ le chat
▶ une caresse	◆ le chien
▶ une mer	◆ la lune
▶ un ciel	◆ la compassion

Exemples :

Un visage d'ange – Un regard de compassion

Vous pouvez trouver plusieurs qualificatifs pour un même mot en vous inspirant du texte de Zola.

Exercice 2
Transformer les énoncés suivants pour en faire un groupe nominal. La base de ce groupe nominal doit être formée à partir du mot souligné :

Exemple :

On enseigne les langues à l'école secondaire =
l'enseignement des langues à l'école secondaire

1. On <u>initie</u> les jeunes aux langues vivantes.

....

2. On est obligé d'<u>enseigner</u> deux langues étrangères.

....

3. Cet homme <u>enseigne</u> l'anglais.
C'est un ....

4. Certains hommes ont une <u>tendance naturelle</u> à flatter le pouvoir.

....

5. Les hommes ne sont pas tous <u>égaux</u>.

....

6. Sont-ils <u>libres</u> de penser ?

....

7. Ce concours permet de <u>recruter</u> des professeurs.

....

8. On a <u>examiné</u> les preuves.

....

9. La mission de notre école est de <u>transmettre</u> des valeurs.

....

10. On a <u>aboli</u> la peine de mort.

....

Exercice 3
Trouver les groupes nominaux de caractérisation à partir des syntagmes ou expressions qui suivent :

– la toile de l'araignée / une toile d'araignée

– une blessure reçue à la guerre /

– la langue de la vipère /

– le changement de l'heure d'été à l'heure d'hiver /

– le travail que fait la fourmi /

– les moments où on est libre /

– la trousse où on range les objets pour la toilette /

– le métier qui est exercé par des hommes /

– le livre où on fait les comptes /

– la faim que ressentent les loups /

– la chemise qu'on porte la nuit /

– une robe qu'on porte le soir /

– un accident arrivé pendant le travail /

– un regard qui ressemble à de l'acier /

Exercice 3

○ *Source* : précis grammatical + texte de Jankélévitch (p. 72 : livre élève) + étude
du texte de Tocqueville (p. 155 : livre élève, unité 10)
○ *Objectif* : intensification de la cause

A. CAUSE INTENSIFIÉE : à force de…/ adjectif + d'autant plus que… / verbe + d'autant plus que… /

Relisez les extraits suivants :

Si j'ai cessé d'être innocent et si j'ai fini par problématiser la philosophie de la musique, *c'est à force de* m'entendre demander, dans un monde tellement peu musicien, pourquoi je consacrais des livres à des musiciens […]

Précis grammatical

– *À force de* patience et de courage, il finira par réussir.

– La chaleur était suffoquante, *d'autant plus qu'*on ne sentait pas le vent de la mer.

– Je n'avais pas envie de prendre la parole, *d'autant plus que* je n'avais rien préparé.

La cause est « intensifiée » par l'expression « à force de… » (répétition temporelle), et par les adverbes de comparaison « d'autant plus que » qui modalisent l'adjectif « suffoquant » et le verbe « ne pas avoir envie de… »

Ces marques de l'intensification de la cause se rencontrent à l'écrit, mais elles sont plus fréquentes à l'oral.

Travail d'application

À votre avis, pourquoi les peintres, les artistes, les musiciens ou les poètes nous fascinent-ils ?

Exemples :

▶ Nicolas de Staël me plait / me fascine / m'intéresse / m'attire / *d'autant plus qu'*il semble avoir été très exigeant et angoissé. Sa peinture me donne une impression de calme et de paix et cela est *d'autant plus étonnant* que ses écrits disent le contraire !

▶ *C'est à force de* volonté et de travail que Matisse dit avoir su garder un regard d'enfant !

B. CAUSE INTENSIFIÉE mettant en rapport parallèle deux prédicats (évolution parallèle ou inverse)

Étude linguistique du texte de Tocqueville dans le livre de l'élève (unité 10, p. 155)

– « Les citoyens sont *d'autant plus* disposés à croire la masse *qu'*ils deviennent plus égaux et plus semblables. » (évolution parallèle)

– « Les citoyens sont *d'autant moins* disposés à croire un individu d'une classe supérieure qu'ils sont devenus plus égaux. » (évolution inverse)

Travail d'application

En vous servant du point de vue « critique » d'Alain Finkelkraut (Unité 10, p. 90) sur l'emprise des nouvelles technologies dans notre vie quotidienne, vous le mettrez en valeur en réutilisant les procédés de l'intensification de la cause étudiés ci-dessus et en paraphrasant.

Exemple d'un commentaire mettant en valeur le mot « ange »

– Les hommes deviennent *d'autant plus des* anges *que* leur vie quotidienne se dématérialise par l'usage de l'informatique et surtout d'Internet qui leur permet de s'échapper de leur « résidence » propre.

1. L'expérience humaine du voisinage cède la place à l'ivresse olympienne d'une universelle équidistance.

2. L'homme n'est plus vernaculaire, il est planétaire.

3. Son environnement immédiat n'est plus local, mais digital.

4. Cybernaute et fier de l'être, il délaisse la matérialité des choses pour les délices sans fin d'un espace in-substantiel.

5. On était dans un endroit ou dans un autre, dedans ou dehors, chez soi ou à l'étranger, bourgeois ou bohème, casanier ou nomade. Ce « ou » a vécu.

6. Chacun pourra être à égalité, le visiteur de toute chose.

Exercice 4

○ *Source :* texte de Matisse (p. 71 : livre élève) + précis grammatical (mise en relief)
○ *Objectif :* définir le propre d'un métier ou d'une fonction

– *Créer*, *c'est le propre de l'artiste*

▶ **Selon le modèle, donner votre propre définition du :**

(Verbes : éduquer, révéler, embellir, donner à voir, être styliste, être poète, philosopher, écrire des romans, réaliser un film, peindre, exercer son autorité, etc.)

Peintre
....
....
....

Compositeur
....
....
....

Député
....
....
....

Styliste
....
....
....

Professeur
....
....
....

Cinéaste
....
....
....

Père
....
....
....

Écrivain
....
....
....

Mère
....
....
....

Romancier
....
....
....

Sculpteur
....
....
....

Poète
....
....
....

Pianiste
....
....
....

Journaliste
....
....
....

Musicien
....
....
....

Philosophe
....
....
....

Exercice 5

○ *Source :* texte de Vladimir Jankélévitch (p. 73 : livre élève)
○ *Objectif :* exprimer son point de vue et ses sentiments

Relire le texte

Je suis un professeur. Je ne suis pas un écrivain. Il y a là une nuance importante. J'ai bien entendu écrit des livres. Mais je ne suis pas pour autant un homme de plume. Mon métier n'est pas l'écriture. L'écriture aujourd'hui évoque l'écrivain. De mon temps, elle s'appliquait à l'écolier. Bien écrire n'est pas de mon domaine. Mon domaine relève plutôt de la parole. C'est la communication orale qui a été mon principal souci.

La musique est la moitié de ma vie. Je suis en musique tout entière. Elle n'est pas pour moi un délassement. Je ne sais pas ce qu'est Dieu. Je pourrais vous dire ce qu'il n'est pas. Ce qui n'implique pas que je sache ce qu'il est. Or, la musique, je sais. Elle n'est ni un passe-temps, ni une distraction. Il suffit que je me mette au piano pour tout oublier. Tout… Ce qu'on ne peut exprimer autrement, on l'exprime par la musique. »

Relevez les phrases où Jankélévitch s'exprime négativement et appréciez leur valeur d'expression pour comprendre ce que dit ce philosophe-pianiste.

Travail d'application

Choisissez un domaine artistique : poésie, musique ou arts plastiques et employez les constructions observées pour donner votre position personnelle par rapport à la peinture.

❱ J'ai écrit des livres mais je ne suis pas pour autant un homme de plume.

❱ Elle n'est ni un passe-temps, ni une distraction.

Exemple de réécriture *: Un peintre « du dimanche » parle :*

Je ne suis pas un peintre. Je suis un amateur d'art. Il y a une nuance importante. J'ai bien entendu essayé de peindre. Mais je ne suis pas pour autant peintre. Je suis un « peintre du dimanche » et je sais que mon plaisir est plus grand à regarder les peintures des autres que les miennes. L'art est la moitié de ma vie. Je suis en art tout entier. La peinture n'est pas pour moi un délassement. Elle me fait mal parfois, quand elle m'oblige à regarder les corps souffrants que ce soit Goya avec « El Dos de Mayo » (1888)

ou les dessins d'Egon Schiele mais elle m'apprend ce que je ne connais pas. Je ne sais pas ce qu'est le beau mais je sais ce qu'il n'est pas. Regarder la peinture d'hier et d'aujourd'hui n'est ni un passe-temps ni une distraction. Il suffit que j'entre dans une salle du Louvre ou d'une exposition d'art pour me sentir heureux. Un peu comme si quelqu'un m'attendait pour me faire une surprise. Ce qui est indicible, la peinture le montre parfois… il suffit de savoir regarder.

Production personnelle

....
....
....
....
....
....
....
....
....
....
....
....
....
....
....
....
....
....
....
....
....
....
....
....

Exercice 6

○ *Source :* textes de Gilbert Lascaut et de Zola (p. 69 et p. 74 : livre élève)
○ *Objectif :* la description d'un objet concret

Ici, il s'agit d'une œuvre d'art.
Deux modes de description sont proposés :
1. Une description sensible mais qui analyse et rend compte de l'objet, le tableau, et de la création du peintre, de ses attentes et de ses souffrances.
C'est Nicolas de Staël vu par Gilbert Lascaut qui essaie de rendre compte du processus créateur en faisant appel aux écrits du peintre qu'il insère dans son texte.
2. Une description lyrique, exaltée, littéraire qui, interprète les tableaux et rend compte surtout de l'effet produit sur l'observateur qui se projette dans ce qu'il voit et interprète l'objet créé à partir de sa propre sensibilité.
C'est Michel-Ange et Botticelli, vus par Zola qui fait parler deux personnages, l'un amateur de Michel-Ange et l'autre de Botticelli.

A. Analyse de la description de type 1
La plume du peintre
À 18 ans, Nicolas de Staël écrit un texte qui reproduit les notations de sa peinture future. L'ensemble des couleurs qu'il utilisera est associé à ses périodes de vie et présenté à travers des citations du peintre.
Des objets insaisissables
Fait revivre l'effort constant de « saisir » l'objet. C'est-à-dire de passer de l'abstraction à la figuration.
La mer est un ciel
Nicolas de Staël a écrit : « L'espace pictural est un mur mais tous les oiseaux du monde y volent librement ». Le critique montre que la peinture est mouvement continu, essentiel pour le peintre.
Une tonne de passion et cent grammes de patience
À travers une série de citations, le critique montre l'effort incessant et non abouti de Nicolas de Staël pour saisir l'objet : « on ne peint jamais ce qu'on voit ou croit voir ». Le travail va par à-coups, il n'exprime que des colères successives.
Vertige de l'art
La synthèse générale de l'œuvre, celle du tempérament artistique du peintre, qui oscille entre dépression et exaltation en refusant toute logique, car il va naturellement à « l'illogisme méthodologique ».
Consolation
L'aveu désespéré du peintre, montrant son impuissance à atteindre l'impossible but recherché, l'inatteignable objectif.

B. Analyse de la description de type 2
Le mode de description précédent, celui du critique d'art qui consiste en un choix de titres disposés en tête de paragraphe – les paragraphes eux-mêmes étant construits en intercalant des commentaires descriptifs et des extraits d'écrits du peintre – mêlant intimement la peinture et les sentiments éprouvés par l'artiste, s'oppose essentiellement au mode de description littéraire fortement subjectif, qui vise à exprimer ses propres sentiments devant une œuvre comme on le ferait devant un paysage naturel ou une scène de la vie, sans prendre en compte le phénomène de création.
C'est ce type de description littéraire qui a été utilisé par Zola, qui a fait interpréter par des personnages de roman les sentiments éprouvés en face d'une œuvre d'art, la description de l'œuvre et les sentiments produits étant inextricablement mêlés :
Exemples : « cet extraordinaire enfantement de chair vivante et magnifique, dont votre délicatesse se blesse ».
« les bouches charnelles [...] énigmatiques en leurs plis sinueux, sans qu'on puisse savoir si elles taisent des puretés ou des abominations ».

Production libre

▶ Apporter des reproductions d'un ou de plusieurs tableaux que vous aimez. Selon vos goûts et affinités, choisissez-en un pour discuter avec un camarade.

▶ Par groupe de deux, vous écrivez sur une feuille les mots et les phrases que vous inspire l'œuvre : caractéristiques (couleurs, formes), impressions et sentiments produits sur vous.

▶ Vous pouvez écrire séparément et confronter ensuite vos impressions. Cela dépend de vous.

▶ Ce premier texte vous servira de base pour rédiger ensuite, individuellement et en prenant du recul, une page où vous rendrez compte de l'œuvre pour la faire aimer à un public.

Vous pouvez utiliser deux modes de description différentes, une qui valorise l'émotion et l'autre la création artistique.

Exercice **7**

○ *Source :* texte de Zola (p. 74 : livre élève)
○ *Objectif :* approfondir la notion de Beau

Lire le texte

Universalité du BEAU

Le beau est ce qui est représenté sans concepts comme l'objet d'une satisfaction universelle.

Cette définition du beau peut être déduite de la définition précédente, qui en faisait l'objet d'une satisfaction indépendante de tout intérêt.

On parlera donc du beau comme si la beauté était une propriété de l'objet et comme si le jugement était un jugement logique, alors qu'en fait, ce jugement n'est qu'un jugement esthétique et n'a pour contenu qu'un rapport de la représentation de l'objet au sujet, et ce, parce que ledit jugement présente quand même avec le jugement logique cette ressemblance, que l'on peut le supposer valable pour tous.

Mais cette universalité ne peut pas non plus remonter à des concepts. Car il n'y a pas de transition permettant de passer des concepts au sentiment de plaisir et de déplaisir.

Il faut par conséquent que soit attachée au jugement de goût, une prétention à la validité pour tous, sans universalité fondée objectivement.

KANT, *Critique de la faculté de juger*, trad. J.-R. Ladmiral,
M. B. de Launay et J.-M. Vaysse, Gallimard, Bibl. de la Pléiade, t. 2.

Quelle est la phrase-clé qui résume la réflexion de Kant sur le beau ?

....
....
....
....

Travail d'application

Le beau est-il pour vous universel ? Comment définiriez-vous ce qui est beau pour vous :

▶ en poésie
▶ en musique
▶ en peinture

....
....
....
....
....
....
....
....
....
....
....
....
....
....
....
....
....
....
....
....

Exercice **1**

> ○ *Source :* texte « la confession publique » (p. 87 : livre élève)
> ○ *Objectif :* décrire un phénomène de société

A. Décrire un phénomène de société

▶ Un phénomène de société : la confession publique

Description du phénomène par le journaliste

Il y a une quinzaine d'années, une singulière émission au titre aujourd'hui oublié était diffusée de nuit sur le câble dans la région de San Francisco. Devant un public attentif, un animateur élégant, presque raffiné, recevait quatre couples. Des gens a priori ordinaires, répondant à des questions banales, promis à une soirée convenue, et qui, pourtant, allaient devoir affronter en direct un véritable cyclone affectif. On comprenait très vite les termes de l'enjeu en voyant entrer sur le plateau les quatre anciennes petites amies de ces époux penauds. Toutes tenaient dans leurs bras un enfant en bas âge. Toutes en attribuaient la paternité à chacun de ces hommes récemment mariés. Et eux, bien sûr, niaient avec ferveur. [...]

Chaque animateur, chaque chaîne décline ce thème à l'infini. S'appuyant sur des sensibilités et des registres différents, des émissions comme « Tout le monde en parle », « C'est mon choix », « Ça se discute » ou « Vie privée, vie publique » ont en commun de se nourrir de confidences, de confessions, et d'impliquer chez leurs participants l'abandon de toute sorte de pudeur.

Chaque jour, chaque semaine, des individus viennent donc se raconter sur ces plateaux lumineux, passant une sorte de radiographie médiatique, jouant la transparence jusque parfois à en devenir vides, s'accommodant [...] de la vulgarité des présentateurs, de leurs indiscrétions, pour pouvoir enfin se révéler, s'autopsier, se désosser, s'écorcher en public. Et de l'autre côté de l'écran, dans la pénombre des salons, cette foule anonyme et silencieuse qui contemple l'Autre, exposé, sous les projecteurs, dans sa souffrance, sa maladie, sa sexualité, sa folie, sa solitude, sa vie. C'est un étrange mode de divertissement, une relation peut-être consentie mais en tout cas fort rude, encore radicalisée avec l'introduction, aujourd'hui, des reality-shows de M6 ou de TF1.

Étude d'un modèle de description

Exercice 1 : Donnez oralement de manière synthétique le contenu de chacun des éléments dont est constitué le texte.

1ʳᵉ partie :

▶ **Rappel d'une scène qui illustre le phénomène :**
– temps et lieu :

....

– le public :

....

– les auteurs (les confessés) :

....

– la scène qui se déroule :

....

....

▶ **Analyse du phénomène par le journaliste :**
– fréquence :

....

– trait commun aux émissions :

....

– caractéristiques des confessés :

....

– caractéristiques du public :

....

....

▶ **Jugement de valeur porté par le journaliste :**

....

....

2ᵉ partie : l'analyse du phénomène par deux sociologues
(l'analyse est rapportée par le journaliste)
Le journaliste utilise le même schéma pour rapporter les points de vue des deux sociologues :
– identité du sociologue
– longue citation extraite du dernier ouvrage de chacun des sociologues
– poursuite de la description des idées de chacun des deux sociologues, sans marques apparentes de discours rapporté.

Le journaliste a privilégié la description directe, ce qui rend difficile de savoir à qui attribuer les commentaires énoncés mais donne beaucoup de vivacité au style et de vérité à la description.

Exercice 2 :

a. Relevez les mots clés des citations de sociologues :

Jean-Claude Kaufmann :

....

....

....

Paul Virilio :

....

....

....

b. Relevez dans chacun des deux « discours rapportés » les raisons données par le sociologue pour interpréter le phénomène :

– Interprétation de J. Cl. Kaufmann :

....

....

....

– Interprétation de P. Virilio :

....

....

....

Exercice 3 : Comparer l'interprétation du phénomène par les deux sociologues.

....

....

....

Production libre

Suite à l'expression libre (*cf : le texte de la Confession publique*) **où vous avez échangé vos points de vue sur ces émissions, écrivez un article en réutilisant les procédés d'écriture étudiés. Donnez votre point de vue sur ce type d'émissions.**

....

....

....

....

....

....

....

....

....

....

Exercice 2

○ *Source :* texte « Je suis noir et je n'aime pas le manioc » de Gaston Kelman
(p. 89 : livre élève)
○ *Objectif :* mettre en valeur un argument

Un moyen linguistique efficace pour nuancer ou contester un point de vue adverse et affirmer son propre point de vue : le schéma alternatif.

Il consiste à énoncer deux propositions, à reconnaître l'une comme vraie et l'autre comme fausse, en les mettant dans le discours (au subjonctif) d'un adversaire supposé :

– « *Qu'on fasse* des réserves sur l'assimilation dans le contexte de l'Afrique coloniale […]
cela se conçoit parfaitement,
– *Mais,*
– *Qu'on me dise* qu'un enfant né sur les bords de la Seine ne doit pas être assimilé […]
alors je ne comprends plus rien ».

Exercice
Utiliser ce schéma pour mettre en valeur les arguments suivants :

1. La sur-consommation de médicaments est dangereuse pour la santé, mais refuser tout médicament est inacceptable.

....

....

2. La séparation de l'Église et de l'État est souhaitable mais ce n'est pas une condition nécessaire à la démocratie.

....

....

3. L'augmentation du SMIC est nécessaire mais de là à préférer l'assistance de l'État, il y a un pas que je ne franchirai pas.

....

....

4. Affirmer qu'il faille se former toute sa vie , c'est normal mais cela n'implique pas qu'il faille refuser tout plan de carrière.

....

....

5. Vouloir vivre comme un artiste est valorisant mais cela n'implique pas de s'exclure de la société.

....

....

6. Aimer la bonne chère et faire des repas gastronomiques ne signifie pas qu'on dépense ses économies dans les grands restaurants.

....

....

Différents modes pour marquer son accord ou son désaccord

Accord

Cela se conçoit
C'est tout à fait acceptable
Je l'admets
Je suis d'accord
Je l'accepte

Désaccord

J'y suis totalement opposé
Je ne suis pas d'accord
Je ne l'accepte pas
C'est inadmissible
Alors, non !

Quelques verbes qui permettent d'énoncer un point de vue :
prétendre, dire, affirmer, oser dire, être d'accord, estimer, croire, penser, être persuadé, être convaincu, être sûr…

Exercice 3

○*Source :* extrait d'un article du journal « Le Monde »
○*Objectif :* prendre la parole sur un fait de société

Lire le texte

@mour.com

À 23 ans, Laura n'aimait plus la vie qu'elle menait. Elle habitait un village près de Vesoul (Haute-Saône) mais travaillait comme esthéticienne à 70 km de là : « Je partais de chez moi à 7 heures du matin et je rentrais à 20 heures, pour 800 euros par mois : Tout était dur. » Après une rupture difficile avec son amour de jeunesse, elle décide de changer de vie, de s'échapper de Vesoul ; son demi-frère installé dans le Var, près de Toulon, est prêt à l'héberger quelque temps. En juillet 2003, Laura envoie des lettres de candidature à des salons de beauté et des centres de thalassothérapie¹ de la région toulonnaise. En même temps pour se trouver un amoureux avant même son arrivée dans le Var, elle s'inscrit sur Meetic, le grand site de rencontres sur Internet. Elle se trouve un pseudo amusant pour protéger son anonymat, affiche sa plus jolie photo, remplit une fiche détaillée sur ses goûts et ses préférences, et lance une recherche selon des critères très précis : il lui faut un célibataire de 25 à 27 ans habitant sur la côte varoise.

L'un des premiers profils sélectionnés est celui de Thomas, 26 ans, qui vit à Hyères. Thomas, garçon sérieux et travailleur, est l'aîné d'une famille possédant des hôtels, des boutiques, des maisons de retraite et même un centre de thalassothérapie… Comme Laura il a vécu une rupture : « Je mène une vie rangée, j'ai peu d'amis et je ne sais pas draguer dans les bars, alors, grâce à Meetic, j'ai vécu plusieurs petites aventures. » Après quelques jours de dialogue sur Internet, Laura accepte de donner à Thomas son numéro de téléphone : « Il m'a appelé un après-midi vers 15 h 30, et nous avons parlé sans interruption jusqu'à 4 heures du matin, c'était magique. » Le flirt à distance se prolonge, car Laura doit attendre la mi-août pour descendre dans le Sud. En attendant les deux jeunes gens se voient en images vidéo grâce à leurs webcams².

Ils se rencontrent enfin un soir d'août, sur un parking près de Toulon. Thomas est séduit au premier regard : « C'est la fille dont je rêvais depuis toujours. » Laura est plus nuancée : « Ça n'a pas été le coup de foudre, les images sur internet peuvent être trompeuses. » Pourtant, Laura dort ce soir-là chez Thomas et une relation amoureuse s'établit en quelques jours. Après neuf mois de vie commune, tout se passe à merveille, le mariage est prévu pour juillet 2005. En attendant les deux jeunes gens vont s'installer dans une villa-appartement, appartenant à la grand-mère de Thomas. Laura sait qu'elle a eu de la chance. […]

L'histoire de Laura et de Thomas n'est pas exceptionnelle, deux autres jeunes gens, Nicolas, 32 ans et Élodie, 27 ans, l'un et l'autre installés à Hyères depuis peu, se sont rencontrés grâce à Meetic alors qu'ils habitaient le même quartier. Avant de trouver l'homme de ses rêves, Élodie qui élevait seule sa fille de 5 ans cherchait du travail et consultait Internet à raison de 5 heures par jour. […]

Jeanne a rédigé des annonces pointues assez obscures pour ceux qui ne fréquentent pas les milieux branchés parisiens. Cela dit, elle assure qu'elle recherche aussi le contact avec des gens venus d'ailleurs : « Je discute avec des Allemands, des Turcs ou des Américains qui préparent un voyage et veulent rencontrer une parisienne pendant leur séjour ». Elle archive et classe tout ce qu'elle écrit sur Meetic : « C'est aussi une expérience d'écriture, comme un journal intime partagé ».

Jeanne continue de voir le premier garçon qu'elle a rencontré sur Meetic, Sébastien un musicien de 29 ans. « Je crois qu'il aurait aimé une relation plus exclusive, mais il a bien compris qui j'étais ». De son côté Sébastien confirme que Jeanne est importante pour lui, mais il s'est fait une raison : « Il faut rester ludique et léger… »

Article du journal *Le Monde*, 31 mai 2004, Yves Eudes

notes
1. thalassothérapie : des mots grecs *thalassa* = mer et *therapeuein* = soigner. Usage thérapeutique des bains de mer et du climat
2. Une webcam : petite caméra reliée à l'ordinateur

Questions de compréhension

Six personnages en quête… d'amour : Thomas, Laura, Nicolas, Élodie, Jeanne et Sébastien

1. Quels sont leurs points communs ?

2. Que faut-il donner comme renseignements quand on s'inscrit sur le site Meetic ?

3. Relevez dans le texte les mots qui indiquent la communication virtuelle qui s'établit entre les deux personnes connectées sur le site Meetic.

4. Relevez les différentes expressions du langage de l'amour.

☞

Entraînement à la prise de parole

Choisissez un des personnages et racontez oralement son histoire en imaginant son caractère. (narration orale de faits précis)

Donner votre point de vue en le partageant avec vos camarades en classe

– Que pensez-vous de cette manière de se rencontrer ?

– Quels sont les avantages de ce type de communication et ses limites ?

– Avez-vous envie de vous inscrire sur Meetic pour rencontrer l'homme ou la femme de vos rêves ?

Exercice 4

○ *Source* : texte sur le psychanalyste Didier Pleux « Les enfants tyrans »
          (p. 84 : livre élève)

○ *Objectif* : trouver des arguments pour nourrir un débat sur l'autorité parentale

ACTIVITÉS d'ORAL

Lire le texte

Le droit et l'autorité parentale

L'autorité parentale est un ensemble de droits et de devoirs ayant pour finalité l'intérêt de l'enfant. Cela signifie que, jusqu'à la majorité ou l'émancipation de l'enfant, ses père et mère doivent le protéger, assurer son éducation et permettre son développement dans le respect dû à sa personne.

Exercer l'autorité parentale sur la personne de l'enfant c'est notamment :

– déterminer **son lieu de résidence et exiger** qu'il y demeure effectivement,

– le protéger dans **sa vie privée**,

– le protéger dans **ses relations avec autrui**,

– veiller à sa **santé**,

– assurer son éducation au quotidien : éducation **scolaire, professionnelle, apprentissage de la vie en société**, etc.

Exercer l'autorité parentale, c'est également gérer les biens de l'enfant mineur.

En principe, l'autorité parentale est exercée en commun par les deux parents, qu'ils soient mariés ou non, qu'ils vivent ensemble ou séparément.

Dans trois cas, elle est exercée par un seul parent :

– lorsque la filiation n'est établie qu'à l'égard d'un seul parent ;

– lorsque la reconnaissance de l'enfant par le second parent est intervenue plus d'un an après sa naissance. **Toutefois, l'autorité parentale pourra être exercée en commun en cas de déclaration conjointe des père et** mère ou sur décision du juge aux affaires familiales saisi par l'un d'eux ;

– lorsque le juge en a décidé ainsi en fonction de **l'intérêt de l'enfant.**

D'après le Code civil

Activités d'oral

▶ Reformulez oralement les points qui vous semblent essentiels.

▶ Écrivez vos arguments pour défendre votre position dans le débat.

▶ Vous pouvez faire une colonne : les abus de l'autorité parentale et une autre : la faiblesse des parents, en cherchant des exemples pour illustrer votre argument.

▶ Rédigez votre point de vue : cela vous donnera une plus grande clarté et aisance quand vous prendrez la parole en classe.

Exemples :

L'autorité parentale doit s'exercer dans les domaines suivants :

l'heure, l'exactitude

le travail scolaire

la propreté des vêtements

la politesse vis-à-vis d'autrui

la nourriture

les sorties

la musique

les fêtes

Exercice 5

○ *Source* : texte « Les avatars de l'enfant-roi » de Didier Pleux (p. 84 : livre élève)
○ *Objectif :* faire une interview

Choisir un sujet

On doit choisir un sujet qui intéresse les participants et la société dans laquelle ils vivent :

Sujets possibles :

– L'état de la famille actuelle : mariage / divorce / enfants…

– Le rapport parents / enfants

– Les émissions les plus regardées à la télévision

– Les grandes manifestations sociales ou culturelles, ce qui mobilise les gens

– Le culte d'Internet existe-t-il ?

– La relation au travail…

Déterminer ce qu'on veut savoir sur le sujet

– son mode de manifestation

– description du public

– l'analyse des causes

– un commentaire ou un pronostic

Choisir l'interviewé : une personne spécialiste du sujet ou un micro-trottoir

Rédiger les questions : essayer de les rédiger d'une manière concrète et impliquant la personne interviewée.

Par exemple :

Questions :

▶ Pensez-vous qu'il y a un culte d'Internet dans notre société ? C'est-à-dire connaissez-vous des gens qui passent de nombreuses heures devant leur écran ?

▶ Ces gens appartiennent à quelle classe d'âge ? Quelle profession exercent-ils ?

▶ Quel type d'information recherchent-ils ?

▶ Que font-ils de l'information qu'ils ont trouvée ?

▶ Avez-vous une opinion sur le sujet ? Pouvez-vous comparer l'information trouvée dans Internet et celle que vous trouvez dans les livres ?

▶ Comment expliquez-vous le culte d'Internet ?

Entraînez-vous à noter les réponses

Vous pouvez utiliser le questionnaire ci-dessus et le faire passer dans votre classe.

Deux élèves en interviewent un autre. L'un pose les questions, l'autre note les réponses orales de l'interviewé. Ensuite, par groupes de trois (les deux intervieweurs et l'interviewé), on rédige les réponses par écrit. À la fin de l'exercice, chaque groupe lira à la classe les réponses qu'il aura rédigées.

Correction collective.

Rédigez des questions pour une interview en dehors de la classe

Vous rédigerez les questions sur un phénomène de société, par exemple : le célibat, à partir des notions suivantes :

– Définir le célibat : vivre seul ou avec un autre célibataire?

Question :

....

– Mode de vie du célibataire :

Question :

....

– Choix du célibat et âge :

Question :

....

– Implications / en ce qui concerne la relation avec autrui :

Question :

....

– en ce qui concerne la famille :

Question :

....

– en ce qui concerne le rapport à l'enfant :

Question :

....

Si vous faites une interview en dehors de la classe, vous devrez rédiger les réponses en utilisant des phrases simples et en mettant en valeur les idées importantes.

Exercice **1**

> ○ *Source :* textes sur « Le fabuleux destin d'Amélie Poulain » (p. 98 : livre élève)
> ○ *Objectif :* étude lexicale + procédés d'écriture pour critiquer un film

Lire l'extrait, ci-dessous, de « critique de film » proposé dans le magazine « Le Nouvel Observateur ».

Le faramineux succès…

21h00 – Film : *Le Fabuleux Destin d'Amélie Poulain*, de Jean-Pierre Jeunet. Loin des ambivalences de la vraie vie, la candeur d'un conte de fées.

Amélie est une petite fille quelque peu atypique. Il faut dire que sa vie ne ressemble pas à celle des autres. Elle a vu son poisson rouge disparaître sous ses yeux dans un bassin municipal, sa mère mourir sur le parvis de Notre-Dame et son père reporter son affection sur un nain de jardin. Amélie Poulain grandit et devient serveuse dans un bistrot de Montmartre tenu par une ancienne danseuse équestre. Amélie est une fille toute simple, et ses goûts le sont autant qu'elle : elle aime la croûte des crèmes brûlées, faire des ricochets au bord du canal Saint-Martin, observer les gens autour d'elle. À 22 ans, Amélie se découvre une vocation : rendre plus douce l'existence des autres.

Une certaine candeur de conte de fées, loin des ambivalences de la vraie vie, la morale du bien réhabilité, un Paris réinventé, tout en couleurs, en gaieté, en poésie et en pittoresque, des acteurs, Audrey Tautou en tête, aussi attachants et intelligibles que des archétypes, un maître de la photographie, Bruno Delbonnel.

Est-ce la recette du succès de ce *Fabuleux Destin d'Amélie Poulain* ? Toujours est-il que lorsque Jeunet revient en France, après avoir bouclé son *Alien IV* aux États-Unis, c'est dans l'intention de faire « un petit film » avec ses copains. Le « petit film », en plus d'avoir raflé le césar du meilleur film en 2002, a totalisé à travers le monde plus de 30 millions d'entrées, atteignant des records ici et ailleurs.

P. L. article in *Le Nouvel Observateur Télévision*

Exercice 1 : Relevez les expressions qui « portent » la critique positive de cet article

Ex : – le faramineux succès

....
....
....
....

Exercice 2 : La composition de l'article : narration du film + critique. Relevez les procédés d'écriture qui servent à exposer « la critique » comme :
– l'emploi des « : » et des guillemets
– une phrase nominale (sans verbe)
– une question rhétorique
– des chiffres objectifs

....
....
....
....
....
....
....

Travail d'application

Prenez un film que vous avez vu à la télévision qui vous a plu ou non (vous pouvez faire une critique négative) et écrivez un court texte : narration du film et critique pour le journal de votre école.

....
....
....
....
....
....
....
....
....
....
....
....
....
....
....

Exercice 2

○ *Source* : texte « Art » de Yasmina Reza (p. 101 : livre élève)
○ *Objectif* : repérer des manières d'écrire pour faire une critique

Lisez ces deux textes : le premier est extrait d'une interview d'un metteur en scène ayant travaillé avec Reza, et le deuxième, d'un article écrit par une journaliste au « Nouvel Observateur. »

Texte 1

Un metteur en scène parle de Yasmina REZA
À propos de Yasmina Reza par Luc BONDY, metteur en scène à Vienne (Autriche) de Trois Versions de la vie.

« Pour un metteur en scène qui, la plupart du temps, dialogue avec des défunts et croit se trouver en communication télépathique avec Shakespeare, Tchekhov ou Ibsen, il est vital de rencontrer et de travailler avec des auteurs dramatiques contemporains. Ce n'est que grâce à eux qu'on évolue… Reza sait écrire des situations inattendues parce qu'elle a un regard lucide sur la vanité, sur le désir du pouvoir qu'ont les gens, de posséder et d'écraser les autres… dans une société qui connaît comme religion avant tout l'argent. Elle montre avec précision et humour cette vulgarité-là. […] Pour moi, parler avec elle, transposer son sarcasme et son humour, son extraordinaire intuition des situations théâtrales fut un plaisir immense… et pour les acteurs aussi. »

Texte 2

Un extrait d'un article de presse (Nouvel Observateur)

Celle que la scène internationale a couverte d'hommages, depuis *Art* (la pièce a reçu à New York le prestigieux Tony Award en 1998 et est aujourd'hui traduite en 35 langues !) ; celle dont les théâtres du monde entier se disputent les succès, de Berlin à Londres en passant par Tokyo, Bombay, Johannesburg, Buenos Aires ou Bratislava était sur les planches à Paris au début de l'année 2001, dans sa dernière pièce.

Trois Versions de la vie est interprétée avec une fantaisie extravagante par l'auteur même de la pièce. Sa dernière et cinquième comédie, une variation acidulée sur nos impuissances, nos mesquineries quotidiennes.

Yasmina Reza est pareille à Alexandre le Grand : le soleil ne se couche jamais sur son empire. Cette jolie femme est le dramaturge français vivant le plus célébré hors nos frontières. En Chine, en Inde, en Océanie, en Géorgie, en Turquie, partout on joue ses pièces. Les Anglais ont tiré les premiers avec *Art* suivis par les Américains. Et les prix ont afflué : l'Evening Standard Award Best Comedy à Londres ou le Tony Award à New York. Le nombre de représentations d'*Art* communiqué par son agent français est impressionnant. Elle confirme que la dame a refusé des ponts d'or à Hollywood et récusé toutes les propositions d'écriture de scénario.

« Londres aime Yasmina Reza » proclamait le *New York Times* en décembre 2000. Et Paris ? Paris aussi, mais c'est un peu plus compliqué. Les théâtres nationaux ignorent Reza tandis qu'à l'étranger elle est jouée à la Schaubühne de Berlin, au Katona de Budapest comme au Stary de Cracovie.

En France, c'est à un réseau de fidèles que Yasmina Reza doit ses débuts d'auteur, en 1987. En 1994, Patrice Kerbrat signera à la Comédie des Champs-Élysées *Art*, l'histoire d'amitié entre trois vieux copains gâchée par la passion de l'un d'entre eux pour un tableau blanc acquis à prix d'or.

Richard Ducousset, directeur d'Albin Michel, dit d'elle « Pour moi, c'est un écrivain du niveau de Nathalie Sarraute. D'emblée, ses textes me sont apparus comme de la littérature. Elle peut donner l'impression d'être très sûre d'elle, mais c'est trompeur, elle est solitaire, angoissée, secrète, perfectionniste ». Yasmina Reza confirme : « Ce qui importe, c'est le regard qu'on pose sur soi-même. Je n'estime pas avoir une crédibilité suffisante pour que les honneurs deviennent sans importance. J'ai abordé la littérature avec humilité. Mon panthéon personnel est si grand ! Ayant débuté comme actrice, l'écriture théâtrale m'a d'abord paru un moyen terme tout à fait plausible car il y avait cette merveille du théâtre de n'être pas fini, d'être un texte à venir, un peu comme une partition qui appelle l'interprète ».

Depuis trois ans son œuvre est étudiée à Paris IV Sorbonne où Denis Guenoun, professeur de littérature et de dramaturgie met de manière un peu provocante, il en convient, ses pièces en parallèle avec celles de Beckett .[…] Guenoun estime que toutes les écritures d'aujourd'hui se posent cette question : « Comment écrire après Beckett ?… » Reza a choisi une forme de recommencement de la vie à partir de l'ordinaire, d'une banalité assumée vue avec tendresse et ironie. Elle a beaucoup d'oreille. Elle assume l'époque avec une vitalité rare. Ce n'est pas une écriture du réconfort, même si on peut y trouver quelque chose de réconfortant ».

Extraits de l'article d'Odile Quirot in *Le Nouvel Observateur*
Hebdo n° 2045 – 15/1/2004

☞

Exercice 1

Relevez pour chacun des textes ci-dessus *les mots-clés* qui vous paraissent
être révélateurs des raisons pour lesquelles cette pièce a obtenu un tel succès.

Qualités d'auteur dramatique de Yasmina Reza	Termes exprimant le succès
ex : elle a un regard lucide sur la vanité	*ex :* elle est pareille à Alexandre le Grand

Exercice 2 : Production écrite

Après avoir choisi l'auteur dramatique, l'écrivain
ou le réalisateur de film dont vous voulez faire
l'éloge, vous écrirez un court article pour exprimer
les raisons de votre choix pour le journal de votre
classe ou de votre institution. Vous pourrez vous
inspirer des manières d'écrire repérées dans les
deux textes proposés.

....
....
....
....
....
....
....
....
....
....
....
....
....
....
....
....
....
....
....

Exercice 3 : Réaliser une interview... comme un journaliste

Vous décidez d'organiser une interview avec une
personne de votre entourage ou de votre classe
qui vous semble intéressante à interroger sur son
travail ou son œuvre (si cela est le cas) et vous en
faites un article élogieux pour le journal de classe
ou de votre école.

....
....
....
....
....
....
....
....
....
....
....
....
....
....
....
....
....
....
....

Exercice 3

○ *Source :* texte « Art », pièce de théâtre de Yasmina Reza (p. 101 : livre élève)
○ *Objectif :* analyse d'une pièce de théâtre

Relire les extraits de la pièce « Art » dans le livre de l'élève afin d'y étudier les attitudes des trois personnages.

Exercice 1 : Relevez les expressions marquant l'attitude de chacun des personnages.

MARC
a. Quelle est son attitude par rapport à l'achat de Serge ? Comment est-elle marquée ? Y-a-t-il une gradation ?

....

....

b. Ce que révèle d'après vous, son commentaire final ?

....

....

c. Comment qualifieriez-vous ce personnage ?

....

....

SERGE
a. Comment ses paroles révèlent son attitude à l'égard de Marc ?

....

....

b. Ce que ses paroles révèlent de sa propre personnalité ?

....

....

c. Comment le qualifieriez-vous ?

....

....

YVAN
a. Ce que ses amis disent de lui ?

....

....

b. Ce qu'il dit de lui-même dans la scène finale :

....

....

c. Ce que vous en pensez :

....

....

Exercice 2 : Portrait

Écriture rapide (groupes de 2)

– Des attitudes analogues à celles des personnages de la pièce *Art*, Marc et Serge, existent-elles chez vous ?

Si oui, faites un portrait rapide, sous forme de remue-méninges (brain-storming) avec vos camarades en décrivant leurs goûts, les objets d'art qu'ils apprécient, leurs propos.

....

....

....

....

....

....

....

....

Exercice 3 : rédaction d'un article de présentation d'un spectacle

Par petits groupes, vous rédigerez un article pour présenter la pièce *Art* à des professeurs et élèves de votre école.

Vous donnerez les indication suivantes :

▶ l'auteur et les comédiens

▶ le théâtre où la pièce a été jouée

▶ les personnages et la thématique

▶ le texte, ses qualités ou ses défauts, ce que vous en pensez

▶ Un commentaire final

Exercice 4

○ *Source :* texte « L'Amérique des bas-fonds » par François Forestier (p. 106 : livre élève)
○ *Objectif :* analyse d'une critique de film

Analyse

Relisez chaque paragraphe et répondez aux questions suivantes :

Paragraphe 1 : une description visuelle qui se termine par un commentaire.

a. Caractérisez la syntaxe. Que pouvez-vous dire des phrases. Le rythme : comment sont-elles construites ?

b. Que pouvez-vous dire du lexique. Que donne-t-il à voir ?

c. Le critique donne-t-il son opinion du film dans ce paragraphe ?

Paragraphes 2 et 3 : narration du film

a. Comment est-elle construite ? Quelles sont les articulations temporelles ?

b. Comment sont décrits les deux personnages principaux ?

Paragraphe 4 : le metteur en scène

a. Le projet :

b. Les étapes de la réalisation du film :

Paragraphe 5 : le commentaire final

a. La phrase introductive : « Sous la crasse, l'humain ». Savez-vous sur quel modèle de phrase célèbre, celle-ci est construite ?

b. Quel est le message politique du film ?

c. Que pensez-vous des deux dernières phrases ?

Production libre : rédiger une critique de film

Andreï Makine, écrivain d'origine russe, mais qui écrit ses romans directement en français a été frappé par une phrase de J. P. Sartre disant que nous parlons dans notre langue maternelle, mais que nous écrivons tous dans une langue étrangère.

« Je n'aime pas du tout l'œuvre de Sartre, mais il avait, à mon sens, une idée très juste sur la question. Selon lui, nous parlons dans notre langue maternelle, mais nous écrivons tous dans une langue étrangère. Même ces questions que vous avez formulées par écrit, si je vous avais demandé de me les formuler oralement sans papier, vous auriez ponctué votre discours de « quoi », « oui », « mais » et bien d'autres choses. Une écriture aussi simple, propre aux questions d'une interview, témoigne déjà d'un effort d'écriture. Ce n'est pas votre langue habituelle. Elle est préfabriquée, stylisée. »

(cf : cahier Unité 8, p. 74).

Gardez cette idée en tête pour faire l'exercice suivant :

▶ Choisissez un film que vous avez vu récemment et qui vous a beaucoup frappé.

▶ Écrivez simplement, en un premier jet, ce que vous pensez de ce film, les effets qu'il a produits sur vous :

    – les images qui vous ont frappées

    – les scènes et les personnages

    – les impressions ressenties

▶ Ensuite, réécrivez ces idées en pensant à un public à qui vous voulez faire aimer le film, même en le choquant. Choisissez votre style d'écriture : syntaxe, vocabulaire, métaphores, moyens d'expressivité qui vous paraissent efficaces. Si vous voulez, vous pouvez faire un « texte » à la manière de François Forestier ou utiliser certains de ses procédés.

Exercice 5

⊃ Source : extrait de l'allocution de Catherine Tasca, ministre de la culture (2000-2002)
⊃ Objectif : organiser un exposé

Lire le texte

Catherine Tasca qui fut ministre de la Culture et de la Communication et député, s'engage pour défendre le cinéma européen.

Réflexions sur le cinéma européen

Pour un Européen, aller voir un film de son pays est chose naturelle, comme d'ailleurs aller voir un film américain. Il faut absolument que nous soyons capables – très vite – d'éveiller la curiosité et l'intérêt des spectateurs, en particulier des plus jeunes d'entre eux à d'autres images, aiguiser leur appétit pour d'autres cultures. Le plan de 5 ans que nous avons lancé en France en faveur de l'éducation artistique en général, va dans ce sens, et je sais – pour en avoir parlé avec d'autres collègues européens – qu'ils partagent cette préoccupation.

Au fond, il faut préparer les jeunes à la découverte et à la lecture des langages singuliers de nos pays et de nos créateurs. Il nous faut donc absolument accentuer nos efforts en ce domaine.

Je suis certaine que la coopération bilatérale entre les pays de l'Union européenne, constitue un moyen efficace de construire un espace cinématographique européen, un espace de la création européenne, un espace pour les images européennes.

Tout d'abord, toutes ces initiatives – lois, règlements, directives, soutiens financiers nationaux, accords de coproduction – relèvent de l'exception culturelle.

Il est aujourd'hui souvent de bon ton d'opposer deux formulations : celle de la diversité et celle de l'exception culturelle. Pour ma part, je veux redire ici ma conviction que la première – la diversité – ne saurait exister sans la seconde : l'exception. L'exception culturelle qui doit être allemande, grecque, belge, italienne ou portugaise, etc., tout autant que française, est la condition d'une diversité vivante et durable. C'est l'exception qui permet les dérogations aux lois du marché. Et jusqu'à présent, celui-ci n'a donné aucune preuve de sa capacité à faire fleurir la diversité telle que nous la connaissons aujourd'hui, mais surtout celle qui naît dans les parcours singuliers de nos créateurs.

Nos créateurs qui certes sont grecs, français, allemands, britanniques, mais qui bien sûr sont d'abord des créateurs.

Faisons-leur confiance à partir de leur langue, de leurs racines, de leur parcours souvent étrange autant qu'étranger, faisons-leur confiance pour qu'ils créent eux-mêmes cette diversité dont nous avons aujourd'hui le plus grand besoin. Et pour que toutes ces dérogations, nos lois, nos règlements, nos directives – restent possibles à l'avenir, il est indispensable que l'Union européenne continue à refuser de prendre des engagements de libéralisation dans le secteur audiovisuel à l'OMC[1].

C'est aussi là un choix politique et je sais aussi que notre meilleure garantie est l'engagement des créateurs de nos pays sur cette voie. C'est à leur écoute que nous avons bâti cette politique de l'exception ; c'est avec eux que nous continuerons de la porter. »

Extraits de l'allocution de Catherine TASCA,
ministre de la Culture et de la Communication de 2000 à 2002
au colloque : « Des images pour l'Europe pour quel public ? »,
4 mars 2002

http://www.culture.gouv.fr

notes
1. OMC = organisation mondiale du commerce

Exercice : Analyse du texte :

– Étudier son argumentation : quelle est sa position ?
– Rechercher le plan de son exposé et les arguments défendus puis relevez les expressions qui ponctuent son discours (exemple : au fond...)
  ▶ Plan du texte
  ▶ Arguments défendus
  ▶ Expressions de « présentation » de son allocution (exposé)

Travail d'application

Choisissez une position pour défendre votre opinion sur le cinéma de votre pays ou une situation sociale qui vous tient à cœur et faites un texte écrit pour être lu (exposé oral).

....
....
....
....
....
....
....

Exercice 6

○ *Source :* texte « Tous les matins du monde » et « Un critique enthousiaste »
(p. 104 et p. 103 : livre élève) + précis grammatical : cause et conséquence
○ *Objectif :* syntaxe de l'écrit / proposition à valeur causale, mises en apposition

Relisez la phrase extraite du roman de Pascal Quignard *Tous les matins du monde* :

1. Il arriva un jour que l'orage éclata alors que Marin Marais s'était embusqué sous la cabane et *qu'ayant pris froid*, il éternua violemment à plusieurs reprises.

Et celle de Fabienne Pascaud, critique de théâtre :

2. *Nourrie par le théâtre de Nathalie Sarraute,* elle aussi grande brodeuse de non-dits, sous-entendus et autres frustrations, Yasmina Reza vise à exprimer le tout à travers le rien, le tragique à travers le comique, le grave dans la légèreté.

Analyse et paraphrase

Paraphrase de la phrase 1 :

Discours explicatif

= Il éternua *parce qu'il* **avait pris** froid

= *c'est parce qu'il* **avait pris** froid qu'il éternua

= *comme* il **avait pris** froid, il éternua

Discours descriptif

= **ayant pris** *froid*, il éternua

> ▸ Cause = explication d'un phénomène concret : un fait antérieur / prendre froid / qui explique un résultat, ici, un éternuement.

L'emploi du participe présent au passé, placé en apposition, économise l'emploi de la conjonction à valeur causale. D'un point de vue « syntaxique », seule la juxtaposition = *l'apposition* suffit à donner le sens porté par le verbe : « prendre froid ». Cette manière d'énoncer « la cause » est très fréquente dans la langue écrite : elle est économique et focalise sur le verbe parce qu'il s'agit d'un discours descriptif-narratif.

Paraphrase de la phrase 2 :

> ▸ Cause = explication d'un jugement, ici, valorisant sur le théâtre deYasmina Reza

= Yasmina Reza vise à exprimer le tout à travers le rien (etc...) *parce qu'elle* est nourrie du théâtre de Nathalie Sarraute (sens trop évident, ne convient

pas l'expression du « jugement », ici lié à la bonne connaissance que F. Pascaud a de Yasmina Reza et du théâtre : elle a lu et vu le théâtre de Nathalie Sarraute)

= *C'est parce que* Y. R. est nourrie du théâtre de N. S., *qu'*elle vise à exprimer le tout à travers du rien (valeur d'insistance)

= *Nourrie du théâtre de Nathalie Sarraute*, Yasmina Reza vise à...

L'apposition construite avec le participe passé : « nourrie de... » est *un procédé syntaxique* qui permet de n'employer ni la conjonction causale ni l'auxiliaire (être) : économie de moyens qui met le verbe « nourrir » en valeur. Ce procédé permet au critique de rapprocher visuellement deux noms : celui de Nathalie Sarraute, auteur dramatique déjà célèbre (et reconnu) et celui de Yasmina Reza, jeune auteur en train de devenir, elle aussi, célèbre.

Travail d'application

1. Transformez les phrases suivantes pour énoncer la cause en employant la formule la plus adéquate et en la justifiant.

1. Yasmina Reza *a beaucoup lu* le théâtre de Nathalie Sarraute, elle s'en inspire pour écrire ses propres pièces.

....

....

....

2. Yasmina Reza *connaît la fragilité des êtres*, elle construit des personnages en rupture dans un monde qui ne les comprend plus.

....

....

....

3. *Ils sont comme des* naufragés dans un monde brutal et trop moderne, ils tentent d'y échapper par l'achat d'œuvre d'art (comme Serge).

....
....
....

4. *Marc et Yvan ne comprennent pas* pourquoi Serge a acheté ce tableau, ils se moquent de lui.

....
....
....

5. *Serge veut investir dans l'art contemporain,* il a acheté L'Antrios.

....
....
....

6. *Marc a nettoyé le tableau*, l'Antrios retrouve toute sa blancheur initiale.

....
....
....

7. *Marc n'a pas les mêmes goûts que Serge en art,* il se moque de lui.

....
....
....

8. *Yvan ne s'intéresse pas à la peinture contemporaine*, il rit de l'achat de son ami.

....
....
....

9. *Yasmina Reza sait la précarité des choses*, elle crée des personnages fragiles qui nous ressemblent.

....
....
....

10. *Yasmina Reza manie à merveille l'ellipse*, elle écrit des pièces de théâtre que les meilleurs comédiens désirent interpréter.

....
....
....

2. Transformez les phrases suivantes pour établir un rapport de cause à conséquence en employant soit une conjonction causale, soit le participe présent.

1. *Monsieur de Sainte Colombe n'avait pas voulu donner de* leçons à Marin Marais, sa fille le fit.

....
....
....

2. *Marin Marais a appris l'art de la viole avec elle,* il devint le musicien du roi.

....
....
....

3. *Ils avaient l'habitude de se cacher sous le cabinet de planches de Monsieur de Sainte Colombe,* ils devinrent amis.

....
....
....

4. Mademoiselle de Sainte Colombe *voyait souvent* Marin Marais, elle en devint amoureuse.

....
....
....

5. *Monsieur de Sainte Colombe ne voulait pas devenir un courtisan*, il préféra rester isolé.

....
....
....

6. Mlle de Sainte Colombe *a beaucoup étudié l'art de la viole avec son père*, elle pouvait l'enseigner à Marin Marais.

....
....
....

7. *Louis XIV aimait la musique de Monsieur de Sainte Colombe*, il l'invita à la cour mais celui-ci refusa par refus des honneurs et haine du monde.

....
....
....

8. *Elle avait cru à l'amour de Marin Marais et elle lui avait tout donné de son art*, elle se laissa mourir de langueur lorsqu'elle comprit qu'il lui avait préféré les honneurs de la cour.

....
....

Exercice 1

○ *Source :* extrait de « Les Mots » de Jean-Paul Sartre
○ *Objectif :* emploi des métaphores

Lire le texte

J'ai commencé ma vie comme je la finirai sans doute : au milieu des livres. Dans le bureau de mon grand-père, il y en avait partout ; défense était faite de les épousseter sauf une fois l'an, avant la rentrée d'octobre. Je ne savais pas encore lire que, déjà, je les révérais, ces pierres levées : droites ou penchées, serrées comme des briques sur les rayons de la bibliothèque ou noblement espacées en allées de menhirs, je sentais que la prospérité de notre famille en dépendait. Elles se ressemblaient toutes, je m'ébattais dans un minuscule sanctuaire, entouré de monuments trapus, antiques, qui m'avaient vu naître, qui me verraient mourir et dont la permanence me garantissait un avenir aussi calme que le passé.

Les Mots, Jean-Paul Sartre, © Éditions Gallimard 1964

Exercice 1 : Relevez les métaphores qui expriment l'admiration du jeune Sartre devant les livres de son grand-père.

Exemple : ces pierres levées, droites ou penchées

....

....

....

....

....

....

....

....

....

....

Exercice 2 : Choisissez un objet qui a accompagné votre enfance et cherchez des « images » adéquates pour évoquer le rapport que vous aviez avec lui et que vous continuez d'avoir ou non.

Exemples : des livres, des disques, des photos, des tableaux ou des arbres, un paysage...

....

....

....

....

....

....

....

....

....

....

....

....

....

....

....

Exercice 2

> ○ **Source :** texte d'Amélie Nothomb (p. 114 : livre élève)
> ○ **Objectif :** transformation de l'écriture par les messages SMS… de continuateurs
>   à la manière de Queneau

Raymond Queneau fut un des premiers écrivains français à « oser » écrire
comme on parle en incluant des expressions d'oral transcrites dans un texte littéraire
au style écrit parfaitement correct.

Aujourd'hui, un site comme celui-ci expose ce que la langue écrite des SMS ose faire !
http://www.mobilou.org qui donne des textes d'écriture « orale » contemporaine comme
« le premier livre en langage SMS » de Phil Marso dont voici un exemple :

Note de l'auteur : La lecture peut paraître fastidieuse
mais n'oubliez pas que c'est plus agréable de lire un
livre sous format papier. Une fois que votre esprit a
compris la gymnastique du SMS, vous verrez que ça a
un côté très ludique.

Phil Marso

3 h mat'. La f'1 me gayTe. 3j,. JaV bô écout' la FM,
person ne tchat sur moa. Lol ! Soud1 Le mûr Cfondra
sous 1 AVALanch 2 kou 2 pioch. Le boss m'1tRpèl :

3 h du mat'… La faim me guette. J'avais beau écouter la
radio, personne ne parlait de moi. Ah ! Ah ! Soudain ! Le
mur s'effondra sous une avalanche de coup de pioches.
Le patron m'interpelle…

http://www.mobilou.org/bonfrayeurs.htm

Cet exemple n'est pas à mettre entre toutes les
mains mais il est représentatif de ce qui s'écrit dans
les messages SMS rédigés par des jeunes Français
sur leur portable !

Explications :

– La lettre prononcée avec le chiffre = la f'1

– Tchat = parler

– kou = coup

– 2 = de

Remarques :

Est-ce vraiment plus simple ?

Qu'en pensez-vous ?

....
....
....
....
....
....
....
....
....
....
....
....
....
....
....
....
....

Exercice 3

> **Source :** texte de Philippe Claudel (bilan écrit, p. 123 : livre élève)
> **Objectif :** travail d'écriture

Lire le texte

Voici un texte écrit à la manière du texte de Philippe Claudel :

– **Relevez les procédés stylistiques qui sont identiques au texte – modèle de Philippe Claudel – et ceux qui sont différents.**

-) lexique de la description
-) marques de la temporalité
-) procédés syntaxiques de la comparaison
-) la ponctuation

À 20 h 30, les portes de l'Opéra furent fermées. Les murmures des voix de l'orchestre et des instruments qui s'accordent, se turent comme si tous avaient compris qu'il le fallait, comme si tous sentaient qu'ils ne formaient plus qu'un seul être. Un doux silence envahit l'espace. Le velours rouge des sièges, les dorures des murs, les angelots en stuc aux joues rebondies devinrent eux aussi vigilants, la foule semblait retenir son souffle... le chef d'orchestre arriva. Sa mince silhouette prit place dans la fosse. Pareils à des marionnettes tenues par des fils, les musiciens attendaient le signal pour bouger à nouveau et attaquer l'ouverture des *Noces de Figaro* de Mozart. Un seul geste, la baguette dressée, le chef donna le signe attendu : la musique éclata comme un verre qui se brise : Mozart allait nous réjouir pendant trois heures. Trois belles heures de voix superbes, d'actions, de mouvements, de drôleries, de cache-cache, de surprises, de costumes et de chant, trois heures qui ressemblaient à une grande symphonie, les personnages vivants en plus et quel plus !

La musique de cet opéra de Mozart réveille en nous une vitalité pleine de jeunesse comme si notre cœur était à nouveau amoureux. Quel que soit notre âge, nous avons l'âge de Suzanne et celui de Chérubin qui nous renvoie à cet âge ingrat mais idéal de l'enfance de l'amour. Ce n'est pas tant que la musique nous donne un supplément d'âme, mais plutôt un supplément de vie, de jeunesse, d'enthousiasme, de gaieté, de joie. Je n'ai, il me semble, jamais vu autant de visages heureux qu'à la sortie de cet opéra de Mozart, comme si ceux qui l'avaient entendu avaient été plongés dans une eau de Jouvence.

Travail d'application

Choisissez un spectacle – de théâtre, de concert ou de rue qui vous a tout particulièrement plu et dont vous rendez compte dans un texte devant être édité dans votre journal d'école ou d'institution.

....
....
....
....
....
....
....
....
....
....
....
....
....
....
....
....
....
....
....
....
....
....
....
....
....
....
....
....
....
....
....
....

Exercice 4

> ○*Source :* texte de Raphaël Confiant (p. 118 : livre élève)
> ○*Objectif :* jeu sur les onomatopées

Lire le texte

Chose absolument fantastique, mesdames-messieurs, j'ai vu un lombric qui grimpait à pic jusqu'à mon nombril parce qu'il l'avait pris pour une basilique à la fois catholique, romantique, apostolique et évangélique. À la vérité, il voulait, de là, prêcher une parole canonique à des laïques, tout en racontant l'histoire de la princesse Suzanne, fille unique d'un grand roi dynamique et philosophique tant dans les affaires pratiques que dans les affaires logiques, messieurs-dames, c'était dramatique de voir une situation aussi tragédique […] !

Exercice 1 : Soulignez dans le texte tous les mots qui se terminent par « ic ».

Exercice 2 : Lisez cette chanson de Boby Lapointe (1922-1972) compositeur et auteur de ses chansons un peu loufoques. (site http://www.paroles.net)

EH ! TOTO

Paroles et musique de Boby Lapointe

Toto ! y a-t'il ton papa ?
L'est pas là papa !
Eh ! Toto y a-t'il ta maman ?
L'est pas là maman !
Eh ! Toto ya-t'il ton pépé ?
L'est pas là pépé !
Eh ! Toto y a-t'il ta mémé ?
Y'est pas ! Y'est pas !
Eh ! Toto y a-t'il ton tonton ?
Y'est pas ! Y'est pas !
Eh ! Toto y a-t'il ta tata ?
Y'est pas ! Y'est pas !
S'il n'y a pas ni ton tonton ni ta tata et cœtera
Ah quel bonheur j'viens voir ta soeur.
Oui ! etc…

Amusez-vous à écrire un texte assonancé en « tic » ou en « toc » ou en « tuc » pour le seul plaisir de jouer avec la langue.
À vos stylos !

....
....
....
....
....
....
....
....
....
....
....
....
....
....
....
....
....
....

Exercice 5

> **Source :** texte d'Amélie Nothomb : « Ce sont des lecteurs-grenouilles ».
> (p. 114 : livre élève)
> **Objectif :** la fable

Lire le texte

Rien n'est moins sûr. Mais pour le cas où les jurés m'auraient lu, croyez bien que ça ne change rien à ma théorie. Il y a tant de gens qui poussent la sophistication jusqu'à lire sans lire. Comme les **hommes-grenouilles**, ils traversent les livres sans prendre une goutte d'eau.

Référence littéraire

Dans la littérature, les animaux depuis l'Antiquité ont servi à exprimer les qualités ou les défauts des humains.

Voici une fable de Jean de La Fontaine (1621-1695), poète et conteur du XVIIe siècle qui vous donnera envie, peut-être, de l'imiter !

La Cigale et la Fourmi
La cigale, ayant chanté
  Tout l'été,
Se trouva fort dépourvue
Quand la bise fut venue.
Pas un seul petit morceau
De mouche ou de vermisseau.
Elle alla crier famine
Chez la fourmi sa voisine,
La priant de lui prêter
Quelque grain pour subsister
Jusqu'à la saison nouvelle.
« Je vous paierai, lui dit-elle,
Avant l'août, foi d'animal,
Intérêt et principal. »
La fourmi n'est pas prêteuse :
C'est là son moindre défaut.
« Que faisiez-vous au temps chaud ?
Dit-elle à cette emprunteuse.
– Nuit et jour à tout venant
Je chantais, ne vous déplaise.
– Vous chantiez ? j'en suis fort aise.
Eh bien : dansez maintenant. »

Site http://www.lafontaine.net

Travail d'application

Racontez une histoire dont les héros sont des animaux.

....
....
....
....
....
....
....
....
....
....
....
....
....
....
....
....
....
....
....
....
....
....
....
....
....
....
....
....
....
....

Exercice 6

○ *Source* : texte d'Aragon
○ *Objectif* : raconter sa ville de manière insolite

Lire le texte

Voir avec d'autres yeux la ville où l'on habite
Ce livre est né d'un sentiment inédit du paysage parisien. Comme un paysan ouvrant à tout de grands yeux, le poète nous apprend à voir d'un regard neuf les passages, les boutiques, les bains, les immeubles les plus ordinaires... une sorte d'éveil à « une lumière moderne de l'insolite ».

Le passage de l'Opéra

On n'adore plus aujourd'hui les dieux sur les hauteurs. Le temple de Salomon[1] est passé dans les métaphores où il abrite des nids d'hirondelles et de blêmes lézards. L'esprit des cultes en se dispersant dans la poussière a déserté les lieux sacrés. Mais il est d'autres lieux qui fleurissent parmi les hommes, d'autres lieux où les hommes vaquent sans souci à leur vie mystérieuse, et qui peu à peu naissent à une religion profonde. La divinité ne les habite pas encore. Elle s'y forme, c'est une divinité nouvelle qui se précipite dans ces modernes Ephèses[2] comme au fond d'un verre, le métal déplacé par un acide ; c'est la vie qui fait apparaître ici cette divinité poétique à côté de laquelle mille gens passeront sans rien voir, et qui, tout à coup, devient sensible, et terriblement hantante[3], pour ceux qui l'ont une fois maladroitement perçue. Métaphysique des lieux, c'est vous qui bercez les enfants, c'est vous qui peuplez leurs rêves. Ces plages de l'inconnu et du frisson, toute notre matière mentale les borde. Pas un pas que je fasse vers le passé, que je ne retrouve ce sentiment de l'étrange, qui me prenait, quand j'étais encore l'émerveillement même, dans un décor où pour la première fois me venait la conscience d'une cohérence inexpliquée et de ses prolongements de mon cœur.

[...] La lumière moderne de l'insolite règne bizarrement dans ces sortes de galeries couvertes qui sont nombreuses à Paris aux alentours des grands boulevards et que l'on nomme d'une façon troublante *des passage*s, comme si dans ces couloirs dérobés au jour, il n'était permis à personne de s'arrêter plus d'un instant. Lueur glauque, en quelque manière abyssale. [...]

La boutique suivante est un café : *le petit Grillon*, où j'ai mille souvenirs. Pendant des années, j'y suis venu au moins une fois par semaine après le dîner avec des amis que je croyais tous véritables. Nous parlions, nous jouions au baccara, au poker d'as. À la lueur des événements quotidiens, au phare tournant des gains et des pertes, c'est là

que je commençai à sentir un peu mieux la grandeur d'un très petit nombre de ces compagnons d'habitude, et la mesquinerie de la plupart. [...] Les clients de ce café ce sont des habitués que j'ai vus depuis des années revenir aux mêmes places, et que rien ne distingue des autres hommes. Qu'est-ce qui les attire ici ? Une espèce d'esprit de province peut-être.

Le Paysan de Paris, Aragon, © Éditions Gallimard, 1953

notes
1. Le temple de Salomon : Jérusalem fut célèbre par son « temple », le premier, celui de Salomon, qui abritait l' « arche d'alliance », mesurait 300 m² ; c'était un édifice en pierre lambrissé de cèdre du Liban ; il fut détruit en l'an -587 par les Babyloniens, suite à une révolte des Juifs.
2. Éphèse : est une ville portuaire antique, en Turquie, située à proximité de la ville actuelle d'Izmir, l'une des douze cités d'Ionie. Connue pour ses sanctuaires, notamment le temple de la déesse Artémis qui compte parmi les Sept Merveilles du monde antique.
3. Du verbe hanter : qui obsède, obsédante. Les fantômes, dit-on, hantent les vieux châteaux en Écosse.

Louis ARAGON (1897-1982)
Marié à Elsa Triolet. Écrivain, poète, membre du Parti communiste depuis 1927. Après le lancement du *Manifeste du Surréalisme* d'André BRETON (1924), il participa aux expériences qui marquèrent les débuts du mouvement (expériences de sommeil hypnotique et d'écriture automatique), activités du Bureau de recherches surréalistes (la « Centrale surréaliste »). Œuvre immense, les textes les plus lus : *Blanche ou l'oubli, Le Fou d'Elsa* (Gallimard).
Pour en savoir plus : http://www.evene.fr

Exercice 1 : Lecture active
La ville n'est plus habitée par les dieux de l'Antiquité mais par d'autres à découvrir.

– Quelle est la phrase du premier paragraphe qui résume la prise de position poétique d'Aragon pour regarder la ville de Paris « autrement » ?

– Faites un commentaire oral pour expliquer cette manière de voir la ville avec des yeux de poète.

Exercice 2 : Reformulation orale
– Expliquez comment Aragon en vient à « diviniser » poétiquement la ville.

– Quel esprit anime celui qui veut « voyager » de cette manière dans sa ville ?

Exercice 3 : Prise de position orale
– Avez-vous déjà fait la même expérience ? Comment l'environnement quotidien peut-il apparaître comme « nouveau », « insolite » ?

– Racontez une expérience similaire par oral ou par écrit.

Exercice 7

> *Source :* texte de Michel Houellebecq (p. 116 : livre élève)
> *Objectif :* comparer les différents emplois de « même »

OBSERVER

« De même que l'installation d'une préparation expéri-mentale et le choix d'un ou plusieurs obstacles permettent d'assigner à un système atomique un comportement donné – tantôt corpusculaire, tantôt ondulatoire –, de même Bruno pouvait apparaître comme un individu... »

– texte de Amélie Nothomb « On n'est jamais le même après avoir lu un livre... » (p. 115)

OBJECTIF 1 : expression d'une analogie entre deux êtres, deux états ou deux choses

COMPARER = comparaison analogique
Objectif : le même... la même que... / les mêmes que... / de même que... de même... /

Travail d'application

Modèle : « on n'est jamais le même après avoir lu un livre »

Donnez votre avis sur la lecture :
Êtes-vous le même, la même ou tout autre après avoir lu un livre ?

....
....
....
....
....
....
....
....

OBJECTIF 2 : Mettre en rapport deux états en les comparant : « de même que... de même... »

Exemple : *De même que le soleil fait pâlir les couleurs en leur ôtant leur brillance, de même Philippe ternissait peu à peu la vie de Marie...*

Les deux éléments de la comparaison mettent en rapport un phénomène physique avec une situation humaine comme dans le texte de Michel Houellebecq

Travail d'application

....
....
....

OBJECTIF 3 : Exprimer une opposition ou une concession

Même si... / quand bien même + le conditionnel... /

Quand bien même tu n'aurais pas envie de lire ce livre, lis-le... tu ne le regretteras pas !

Même si tu n'avais pas envie de lire ce livre, lis-le... quand même ! tu ne le regretteras pas.
(« quand même » surenchérit sur ce qui vient d'être dit)

Travail d'application

Conseillez à un ami de lire tel ou tel livre, de voir tel ou tel film...

....
....
....

OBJECTIF 4 : Adverbe : même

– **Tout de même / Quand même** servent à l'oral à emphatiser une assertion et signifient : « il faut dire, on en conviendra ! »

– **De même** : Prenez le modèle du texte et faites de même (= de la même façon)

Travail d'application

Écrivez un texte où vous donnez des conseils à un ami ou une amie qui veut apprendre le français même si vous savez que « le chemin » n'est pas toujours facile !

....
....
....
....

Exercice 8

○ *Source :* texte d'Amélie Nothomb (p. 114 : livre élève)
○ *Objectif :* apprendre des expressions idiomatiques comme « revenir à ses moutons »

Revenir à ses moutons = ne rien changer à ses habitudes (dans le texte d'Amélie Nothomb, mais pas dans une conversation)

Les expressions idiomatiques sont enracinées dans le langage quotidien. Elles font partie du langage familier, informel, et se trouvent à l'oral comme à l'écrit.

Des expressions idiomatiques avec des « animaux ».
Chercher le sens de chacune d'elles en faisant des hypothèses et en cherchant dans votre dictionnaire.

Expressions idiomatiques	**Significations en vrac**
a. Être à cheval sur les principes	**1.** *Être capable de garder un secret.*
b. Être muet comme une carpe	**2.** *Être très fier et, parfois, quelque peu hautain et méprisant vis-à-vis des autres.*
c. Être bavard comme une pie	**3.** *Avoir envie de manger beaucoup.*
d. Être fier comme un paon	**4.** *Ne pas savoir si ce que l'on nous dit est vrai ou faux.*
e. Dormir comme un loir (ou comme une marmotte)	**5.** *Signifie qu'il y a quelque chose qu'on nous cache mais que l'on pressent d'après certains indices.*
f. Il y a anguille sous roche.	**6.** *Ne pas tolérer que les règles de morale ou les principes usuels de savoir-vivre soient transgressés.*
g. Un travail de fourmi (exécuter, fournir un travail…)	**7.** *Parler beaucoup et souvent sans rien dire d'important.*
h. Être sale comme un cochon.	**8.** *Ne pas s'être lavé et laisser voir des taches apparentes.*
i. Ne pas savoir si c'est du lard ou du cochon.	**9.** *Jouir d'un très bon sommeil.*
j. Avoir une faim de loup	**10.** *Exécuter un travail nécessitant beaucoup de temps et de minutie.*

Travail d'application

Vous chercherez des situations quotidiennes où vous pourriez utiliser certaines de ces expressions idiomatiques.

Exercice 9

⊙ *Source :* texte de Jacques Derrida
⊙ *Objectif :* donner son point de vue

Lire le texte

_____ *J'aime cette langue comme ma vie* _____

« Chaque livre est une pédagogie destinée à former son lecteur. »

Et de même que j'aime la vie, et ma vie, j'aime ce qui m'a constitué, et dont l'élément même est la langue française, cette langue française qui est la seule langue qu'on m'a appris à cultiver, la seule aussi dont je puisse me dire plus ou moins responsable.

L'amour en général passe par l'amour de la langue, qui n'est ni nationaliste ni conservateur mais qui exige des preuves. Et des épreuves. On ne fait pas n'importe quoi avec la langue, elle nous préexiste, elle nous survit... Je ne lis pas sans sourire, parfois avec mépris, ceux qui croient violer, sans amour, justement, l'orthographe ou la syntaxe « classiques » d'une langue française... alors que la grande langue française, plus intouchable que jamais, les regarde faire en attendant le prochain.

Laisser des traces dans l'histoire de la langue française, voilà ce qui m'intéresse. Je vis de cette passion, sinon pour la France, du moins pour quelque chose que la langue française a incorporé depuis des siècles. Je suppose que si j'aime cette langue comme j'aime ma vie, et quelquefois plus que ne l'aime tel ou tel Français d'origine, c'est que je l'aime comme un étranger qui a été accueilli, et qui s'est approprié cette langue comme la seule possible pour lui. Passion et surenchère.

Extrait de l'article : *1930-2004, Jacques Derrida*
« Personne ne saura à partir de quel secret j'écris... »
Article publié le 12 Octobre 2004 par Roger-Pol Droit
Source : SUPPLÉMENT SPÉCIAL

Jacques DERRIDA,
Le livre le plus célèbre du philosophe est probablement *L'Écriture et la Différence*, paru en 1967 au Seuil. Quelques autres livres : *De la grammatologie* (1967), *La Dissémination* (1972), *La Vérité en peinture* (1978), *La Carte postale* (1980), *Heidegger et la question* (1987), *Du droit à la philosophie* (1990).

Travail d'application

– Pensez-vous qu'il faille aimer la langue que l'on apprend pour se l'approprier ?
– Vous rédigerez une réponse à cette question en argumentant votre propos.
1. Que veut dire s'approprier une langue étrangère ?
2. Que veut dire l'aimer ?

Exemple de réponse donnée par Andreï Makine, lors d'une interview au journal belge en ligne Hors Press, édité sur le site :
http://www.perso.wanadoo.fr/erato/horspresse/makine.htm.

Né en 1957 en Sibérie et arrivé à Paris en 1987, cet écrivain russe fut reconnu en France avec son roman *Le Testament français* qui reçut un double prix littéraire, le Médicis et le Goncourt en 1995.

JLT – Vous êtes né en Russie et pourtant vous écrivez en français. Pensez-vous que le fait d'écrire des œuvres littéraires dans une autre langue que la sienne soit un avantage pour explorer et interroger le langage ?

Andreï MAKINE – Je n'aime pas du tout l'œuvre de Sartre, mais il avait, à mon sens, une idée très juste sur la question. Selon lui, nous parlons dans notre langue maternelle, mais nous écrivons tous dans une langue étrangère. Même ces questions que vous avez formulées par écrit, si je vous avais demandé de me les formuler oralement sans papier, vous auriez ponctué votre discours de « quoi », « oui », « mais » et bien d'autres choses. Une écriture aussi simple, propre aux questions d'une interview, témoigne déjà d'un effort d'écriture. Ce n'est pas votre langue habituelle. Elle est préfabriquée, stylisée. Pensez donc maintenant au roman que vous pourriez écrire sur Jules César, par exemple : il y aura là une stylisation formidable. Vous ne vous reconnaîtrez même pas dans ce roman-là. Même chose pour *Le Testament français*. J'utilise une langue grammaticalement, lexicologiquement, morphologiquement étrangère. Mais il en serait de même en russe. Il y a dans cette langue, ainsi qu'en français, des variantes proustiennes, balzaciennes, flaubertiennes. Ce sont des langues à part entière, avec leurs syntaxes et leurs modules linguistiques, qui sont d'ailleurs souvent contraires à notre esprit. Vous acceptez une langue mais vous ne pouvez pas pénétrer dans la langue de Mallarmé.

Stéphane Mallarmé (1842-1898). Auteur d'une œuvre poétique ambitieuse et rendue, souvent volontairement, obscure, Stéphane Mallarmé a été l'initiateur d'un renouveau de la poésie dont l'influence se mesure encore de nos jours auprès de poètes contemporains comme Yves Bonnefoy.

– Comment comprenez-vous le point de vue de Makine sur l'écrit ?

....
....
....
....
....

Exercice **1**

> *Source :* texte « Une soirée de télévision en France » (p. 129 : livre élève)
> *Objectif :* présenter des programmes de télévision

Lisez les descriptions des programmes de télévision du magazine *Le Nouvel Observateur*.

Notez les formules utiles pour structurer les présentations telles que :

– pour un match : « l'objectif sera double, ce soir… »

– pour un film : « le film raconte l'incroyable histoire… »

– « À travers des images… le réalisateur fait revivre cet événement capital »

– pour un magazine économique ou culturel : « Au sommaire du magazine… »

Exercice : Choisissez un ou plusieurs programmes diffusés sur vos chaînes de télévision et décrivez-les sur ce mode.

▶ Vous pouvez aussi adopter un mode critique, humoristique en montrant dans votre description pourquoi il faut éviter de regarder les programmes.

▶ Autre possibilité : rédiger les programmes que vous rêvez de voir à la télévision

Expressions pour déconseiller un programme :

– de préférence, passer sur une autre chaîne

– à éviter à tout prix

– à la rigueur, vous pouvez regarder

– n'hésitez pas à zapper (passer sur une autre chaîne)

– vous pouvez être tenté de regarder, mais ne refusez pas une invitation à sortir si elle se présente, etc…

....
....
....
....
....
....
....
....
....
....
....
....
....
....
....
....
....
....
....
....
....
....
....
....
....

Exercice 2

> ○ **Source :** textes « La ligne bleue des gratte-ciel » (p. 130 : livre élève) et « East village, un village dans la ville » (p. 131 : livre élève)
>
> ○ **Objectif :** étude lexicale

Cette partie de l'unité est spécialement destinée à la lecture.
On étudiera donc la compréhension, avec une attention spéciale au vocabulaire.

Exercice 1

– Relisez le texte « La ligne bleue des gratte-ciel »
– Classez les adjectifs rencontrés dans le texte en deux colonnes : ceux qui qualifient d'une manière objective par une couleur, par exemple : « la ligne bleue » et ceux qui qualifient d'une manière appréciative : « l'espace magique ». Vous classerez l'adjectif accompagné de son substantif.

Qualifiants objectifs	Qualifiants appréciatifs
Exemple : *la ligne bleue*	**Exemple :** *l'espace magique*

– Où classez-vous « la voie lactée tombée sur la terre » ?

Exercice 2

À l'aide d'un dictionnaire, trouvez le sens de base des adjectifs suivants :

❱ impétueux : ....

❱ effréné : ....

❱ blasé : ....

– Trouvez un ou deux para-synonymes pour chacun d'entre eux et quelques noms avec lesquels ils peuvent être employés.

❱ Impétueux

– synonyme : ....

– noms : ....

❱ effréné :

– synonyme : ....

– noms : ....

❱ blasé :

– synonyme : ....

– noms : ....

Exercice 3 (texte : East village, p. 131) :

« East village a beau jouer les m'as-tu-vu, j'y reste attaché ».

– Quelle est la paraphrase la plus juste pour cette phrase :

a . Bien qu'East Village soit fier de son originalité, j'y reste attaché

b . East Village a raison d'être fier de son originalité, j'y reste attaché

c . On peut reprocher à East Village son côté prétentieux mais j'y reste attaché

– Quels autres adjectifs, synonymes ou para-synonymes de « prétentieux » et de « fier » pourrait-on aussi appliquer à East Village :

– vaniteux

– arrogant

– présomptueux

– fier

– prétentieux

Exercice 3

> *Source :* texte « East village, un village dans la ville » (p. 131 : livre élève)
> *Objectif :* analyse des contenus culturels d'un texte

Relisez le texte « East village, un village dans la ville ».

En choisissant East Village, l'auteur a pris le contre-pied de ce que représentent en général les USA aux yeux des autres.

On peut dire en quelque sorte que l'East Village est l'anti-cliché américain.

Exercice

Montrez comment chacun des aspects d'East Village mis en valeur par l'auteur est à l'opposé d'un des clichés sur l'Amérique :

Aspects mis en valeur	*Cliché*
a. les communautés se croisent mais ne se mélangent pas	– l'Amérique est un creuset (un melting-pot)
b. neuf nationalités co-habitent mais n'ont pas de contact réel	–
c. Ils habitent à 14 dans un trois-pièces	–
d. dans le terrain de foot, il n'y a pas de Nord-Américains	–
e. Pour créer en Amérique, il faut conserver sa culture d'origine	–
f. l'auteur se sent touriste à Wall Street	–
g. les survivants de la « Beat generation » lisent leurs textes dans des cafés enfumés	–
h. les minuscules lopins de terre amoureusement conservés	–

Exercice 4

> ⊙*Source :* texte « Malte, un pays méconnu » (p. 131 : livre élève)
> ⊙*Objectif :* analyse de contenus

Exercice 1

Lisez la première partie du texte et remplissez la grille suivante :

Questions	Réponses
– Définition du complexe de Lilliput	–
– Les deux raisons/causes du complexe	–
– Expliquez la phrase « davantage mitoyens que citoyens »	–
– Résumez la situation politique de Malte :	–
• au niveau historique	
• actuellement	
– Relevez les contradictions sociales de Malte	–

Exercice 2

Lisez le dernier paragraphe du texte.

Classez ce qui, dans cette description, met en évidence les apparences, c'est-à-dire l'image que donne Malte au visiteur, ce qui est derrière le miroir, c'est-à-dire la réalité qu'on s'efforce de cacher.

Exemples :

« Malte transfigure en fierté exacerbée, le complexe de n'offrir au regard de ses hôtes de passage qu'une humble image ».

   les apparences = une fierté exacerbée

   derrière le miroir = le complexe de n'offrir au regard qu'une humble image

Les apparences	Ce qui est derrière le miroir

Exercice 3 : Analyse de vocabulaire

**a. Recherchez le sens de base des mots suivants, les para-synonymes,
et utilisez chacun des deux mots dans une phrase après les avoir repérés dans le texte :**

mot	sens de base	para-synonyme	phrases
– oripeau			
– débraillé			
– ingurgiter			
– exacerbé			
– exaspéré			

b. Expliquez : « les soixante-huitards sympathiquement attardés »

Exercice 4 : Relevez dans la première partie du texte, les traces du kaléidoscope maltais.

Au sens figuré « kaléidoscope » signifie : juxtaposition d'éléments divers, non-intégrés.

....
....
....
....
....
....
....
....
....
....

Exercice 5

○ *Source :* texte « Avoir vingt ans en Jordanie » (p. 134 : livre élève)
○ *Objectif :* décrire un lieu

Exercice 1

Lisez le texte et classez en 2 colonnes des éléments qui définissent ce « pays contradictoire ».

La modernité	Le maintien de la tradition

Exercice 2

Lisez le texte « Le jour où j'ai découvert Jerash » (p. 133, livre élève) **et dites comment sont caractérisés et localisés les éléments suivants :**

Lieux	Caractérisation	Localisation
le site	ampleur, beauté, état de conservation	à l'écart de toute route, au fond d'une petite vallée fertile
les deux grands temples		
les rues		
la place ovale		

Exercice 3 : Écriture

Présentation-description d'un lieu :

a. Choisissez un lieu ou un site important de votre pays que vous voulez mettre en valeur.

b. Notez les mots qui vous viennent à l'esprit pour le caractériser : noms, adjectifs, compléments de nom ainsi que pour le localiser.

c. Rédigez un texte en mettant en forme ces premières impressions. Vous pouvez vous inspirer des différents modes de description étudiés dans cette unité : description « anti-clichés » (cf exercice 3, p. 77), description « derrière le miroir ».

Exercice 6

○ *Source :* un extrait d'un article de Fouad Laroui
○ *Objectif :* écrire sur sa ville avec « des yeux neufs »

Lire le texte

Un lieu, un écrivain

Loin des canaux battus et rebattus, des places et des musées, l'auteur de « Tu n'as rien compris à Hassan II » convie à une visite très personnelle de la capitale des Pays-Bas. Fuir le centre, prendre ici le tram, là le ferry, et découvrir les marchés cosmopolites, la campagne en banlieue, une serre aux papillons… Prendre le large pour mieux retrouver une ville sans cesse changeante.

Mon Amsterdam à moi

Enfonçons quelques portes ouvertes. La première : visiter une ville et y habiter sont deux choses totalement différentes. Du temps que je venais régulièrement à Amsterdam, en touriste, sac à dos, carte Interail en poche, je me vantais d'en connaître le moindre recoin, la moindre ruelle. J'étais comme ces gens qui, dans les années 1970, allaient passer deux semaines en Chine et en revenaient avec une somme de mille pages et quelques photos – j'ai tout vu, j'ai tout compris, voilà la Chine pour 20 francs. Bref.

Leidseplein et ses cafés, le Rijksmuseum, le musée Van Gogh, les petites rues autour de la vieille église, tout cela m'était familier. J'arpentais les lieux comme si j'y étais né. Aujourd'hui, il me semble que je n'avais rien vu alors. Installé depuis bientôt treize ans en plein centre de la capitale des Pays-Bas, mon Amsterdam n'est pas celui des Anglais buveurs de bière. […] Qu'est-ce que tout cela a à voir avec la ville où Descartes[1] et Spinoza[2], Vondel[3] et Rembrandt[4], et tant d'autres de nos contemporains éternels ont passé ? Qu'est-ce que cela a à voir avec les ciels toujours changeants et les noces de l'Amstel et des canaux ?

Enfonçons une autre porte ouverte, ou plutôt poussons-la doucement. Ce n'est pas une métaphore ; dans le Joordan, quartier des artistes, des petits Mozart de la finance et de l'habitat subventionné – joyeux mélange typiquement amstellodamois – se dissimulent des dizaines de *hofjes*, des petites cours semi-publiques, si l'on peut dire. Il suffit de passer l'entrée, c'est tout de suite la sérénité des endroits magiques où l'on est sûr que rien d'important ne nous arrivera.

On y trouve des bancs parfois et des chats toujours, et, pourvu que vous ne dérangiez ni les humains ni les félins, vous pouvez y passer le temps qu'il vous plaira à lire ou à rêvasser. Même vous pourrez regarder comme au zoo, les Hollandais vivre derrière les vitres claires. Ici, pas de rideaux aux fenêtres, au grand étonnement de l'étranger. On se rince l'œil tant qu'on veut. Rien de très excitant mais quand même. Ce vieil homme qui vaque à ses petits tremblotements, ce couple qui discute autour d'une table jonchée de livres, non, ça ne les dérange pas que vous les observiez, bouche bée. Eux n'ont rien à cacher, ils vivent dans une maison de verre. Et vous-même ? Bienvenue chez les calvinistes, ou plutôt – les temps changent – chez les agnostiques, qui n'ont rien perdu des us de leurs ancêtres. […]

Ah, les canaux… Cliché entre les clichés dès qu'on parle de ma ville. Et pourtant, il faut bien admettre que, de tout ce qu'elle a à offrir, c'est encore ce qui est le plus envoûtant, le plus mélancoliquement beau, le plus charmant (cela dépend du temps qu'il fait), respectivement brume du soir, pluie de novembre, matin ensoleillé du printemps. Je rechigne, tout cela est bien connu. Si mes amis insistent, je les conduis à mon canal à moi, le Binnenkant, dont j'espère sans trop d'espoir que les guides l'ignorent, alors que c'est le plus large et le plus beau et qu'il expire au pied de la très noble et très inutile tour Montelbaan…

Fouad LAROUI
Le Monde, 30 juillet 2004

notes
1. René Descartes
Né en 1596 en France dans un village du Val de Loire, René Descartes est mort en 1650 à Stockholm où l'avait invité la reine Christine. Mathématicien et physicien, métaphysicien et moraliste, il est le philosophe qui ouvre la grande aventure de la pensée moderne. En 1628, il s'installa en Hollande. *Discours de la méthode* (1637).

2. Spinoza
Né à Amsterdam en 1632, meurt dans cette même ville en 1677. Philosophe. *L'Éthique* sera publiée après sa mort.

3. Joost Van den Vondel. Poète et dramaturge hollandais (1587-1679).

4. Rembrandt Van Rijn (1609-1669). Peintre hollandais.

Fouad LAROUI
Écrivain marocain et économiste, vit à Amsterdam. Né en 1958 à Oujda au Maroc. Depuis 1992, enseigne les sciences de l'environnement à l'Université d'Amsterdam. Son livre *Les Dents du topographe* chez Julliard en 1996, collection « J'ai lu » a été un succès de librairie en France. Pour plus d'infos : http://www.bibliomonde.com

Exercice 1 :

Relevez dans le texte les expressions du changement de point de vue sur la ville d'Amsterdam.

– Vous ferez deux colonnes, l'une où vous noterez les sentiments de l'auteur avant et après : avant = vision touristique et après = vision d'un habitant coutumier.

Avant	Après
Exemple : *du temps où je venais à Amsterdam avec mon sac à dos, je me vantais...*	**Exemple :** *aujourd'hui , il me semble que je n'ai rien vu*

Exercice 2 : Relevez les marques linguistiques qui attestent du rapport d'appartenance teintée d'affectivité entre cet écrivain et la ville d'Amsterdam.

....
....
....
....
....
....
....
....
....
....
....
....
....
....
....
....
....
....

Production libre

**Avez-vous fait la même expérience ?
Écrivez un court article où – comme Fouad Laroui – vous évoquez ce changement de regard, entre un « avant » et un « après » qui modifie la connaissance que l'on peut avoir d'une ville ou d'un pays.**

....
....
....
....
....
....
....
....
....
....
....
....
....
....
....
....
....

Exercice 1

○ *Source :* texte de Bernard Debré (p. 147 : livre élève)
○ *Objectif :* analyse d'un discours argumentatif

DÉMONTRER UN FAIT

Relisez le texte de Bernard Debré

L'homme change perpétuellement, il change dans la transgression, peut-être même grâce à elle. Transgression des idéologies, des lois, des morales et des religions.

Le XXIᵉ siècle sera celui des transgressions suprêmes, qui vont bousculer les lois, transformer les religions et ouvrir l'espace pour d'autres règles. Cette mutation extraordinaire se fera dans la révolte. Un monde nouveau ne s'installe pas sans heurts et la mutation fondamentale qui nous attend ne saurait aboutir sans profondes remises en question.

Le refus de tout changement serait vain. Rien n'est plus stérile qu'un conformisme moral, politique ou spirituel ; rien n'est plus fécondant qu'une révolution. Le XXIᵉ siècle sera celui de toutes les révolutions scientifiques et médicales. La conception même de l'homme et du vivant va changer. Attention cependant à ne pas oublier une certaine idée de l'humanité. Ces transgressions nécessaires doivent avoir un sens, un chemin, celui de l'évolution de l'être. La pire attitude serait de nier le divin. Nos découvertes, pour sensationnelles qu'elles soient, ne tuent pas le divin, seulement elles repoussent loin, très loin, les limites de sa compréhension. Si tant est qu'il puisse être compris un jour.

L'homme tel que nous le concevons aujourd'hui est appelé à disparaître. Non qu'un gigantesque fléau entraîne la mort de toute l'humanité, encore que des menaces subsistent sous la forme de nouvelles et terribles maladies. L'*Homo sapiens* va simplement tellement changer qu'il s'éteindra de façon naturelle, comme son ancêtre australopithèque, par le fait même de son évolution. Cette disparition sera le fruit de techniques surprenantes visant un homme plus accompli, mieux adapté à son destin universel. L'homme va vivre plus longtemps, rester jeune, efficace, pendant de très nombreuses années. Les enfants ne seront plus conçus de la même façon ; les animaux, les plantes, les machines et les clones viendront en aide à ce mutant en quête d'une éternité désormais envisageable. Ce sera sans nul doute passionnant et gratifiant. À condition que l'être humain prenne garde, sur le plan éthique, de ne pas dévoyer le progrès.

Exercice 1 : Analyser la démonstration

Recherchez dans le texte les éléments de la démonstration à l'aide de la grille ci-dessous :

Schéma argumentatif des paragraphes 1, 2, 3	Extraits du texte
a. Défense du changement : – Description du changement – Modalité et cause	
– Prédictions des effets et des modalités du changement : – Effets – Modalités	
– Affirmation : « l'on ne peut s'opposer au changement » – Jugements de valeur pour justifier la nouvelle révolution – Mises en garde	

Schéma argumentatif du paragraphe 4	Extraits du texte
b. Causes du changement : – La « non-cause » assortie d'une restriction : – La cause première – La cause « technique »	
c. Prédictions des effets du changement : – Effets – Jugement de valeur et mise en garde	

Exercice 2 : Faire un compte-rendu
À l'aide de la grille précédente, faites un compte-rendu du texte de Bernard Debré.
....
....
....
....
....
....
....
....
....
....
....
....
....
....
....

Exercice 3 : La prédiction
Relevez, dans le texte de B. Debré, les marques de la prédiction.
....
....
....
....
....
....
....
....
....

Production libre

Choisissez un changement que vous prévoyez, dans votre société ou dans le monde et décrivez-le en variant les marques de la prédiction.
....
....
....
....
....
....
....
....
....
....
....
....
....
....
....
....
....
....
....
....

Exercice 2

○ *Source :* texte de Emmanuel Fournier (p. 150 : livre élève)
○ *Objectif :* introduire une démonstration

INTRODUIRE UNE DÉMONSTRATION

– Relire le paragraphe 3 du texte « La mondialisation, un processus pluriséculaire ».

Prenons l'exemple des grandes découvertes, à la fin du XVᵉ siècle. Quel sujet plus étranger, en apparence, à l'univers de la mondialisation ? Et pourtant... Les grandes découvertes, en un sens, ouvrent la voie au processus de décloisonnement universel qu'est la mondialisation. Les mêmes observations peuvent être faites concernant la révolution industrielle, la révolution des transports, ou encore la formation puis le démantèlement des empires coloniaux. Il s'agit dans chacun de ces cas de jalons importants de l'histoire de la mondialisation.

– Dans ce texte, l'auteur met en valeur la démonstration qui va suivre, en rapprochant deux phénomènes en apparence étrangers l'un à l'autre, ce qui est un moyen efficace d'attirer l'attention sur ce qu'il va démontrer par la suite : *la mondialisation est un processus inéluctable et pluriséculaire.*

– Cette mise en valeur prend la forme suivante :

• Énoncé du 1ᵉʳ phénomène
• Question rhétorique
• Réponse sous une forme concessive (Et pourtant...) qui justifie, en la résumant, la démonstration qui va suivre.

Travail d'application

Sur ce modèle, écrivez un court paragraphe mettant en relation deux phénomènes en apparence étrangers :

– la cuisine et les rapports sociaux
– la mode et l'individualisme
– l'informatique et la religion
– la démocratie et la liberté de penser

....
....
....
....
....
....
....
....
....
....
....
....
....
....
....
....
....
....

Exercice 3

⊃ *Source :* texte de Emmanuel Fournier (p. 150 : livre élève)
⊃ *Objectif :* démonstration de type narratif

**DÉMONSTRATION DE TYPE NARRATIF,
MARQUÉE PAR LA NÉCESSITÉ**
– Lisez les paragraphes 3 et 4 du texte
(p. 150, livre élève) « La mondialisation,
un processus pluriséculaire »

Prenons l'exemple des grandes découvertes, à la fin du XVe
siècle. Quel sujet plus étranger, en apparence, à l'univers
de la mondialisation ? Et pourtant... Les grandes découvertes, en un sens, ouvrent la voie au processus de décloisonnement universel qu'est la mondialisation. Les mêmes
observations peuvent être faites concernant la révolution
industrielle, la révolution des transports, ou encore la formation puis le démantèlement des empires coloniaux. Il
s'agit dans chacun de ces cas de jalons importants de
l'histoire de la mondialisation.

La révolution industrielle accroît considérablement le
volume des productions et il faut faire face aux crises de
surproduction. Les sociétés développées n'ont plus à
craindre la pénurie mais la surabondance. De nouveaux
espaces doivent être ouverts. La colonisation apparaît
alors comme une arme indispensable dans la course qui
s'engage entre les Européens. Le processus entamé se
poursuit, les peuples ne peuvent plus vivre en complète
autarcie. Leur destin est désormais lié.

– Cette démonstration est introduite de manière
rhétorique (*cf : Unité 10, exercice 2 précédent*)
et se présente selon un schéma narratif
d'enchaînements **de cause à conséquence**, sans
marques linguistiques formelles.
L'ensemble des enchaînements est amorcé par
la phrase :
– « Il s'agit de jalons importants »
   « jalon » signifie « marque, repère, dans un
   déroulement, un processus ».
Ici, il s'agit de la naissance du processus de
mondialisation.

Chaque phrase décrit ensuite la succession des
événements :
   • Révolution industrielle
   • Accroissement de la production
   • Surproduction

• Nécessité d'écouler la production en ouvrant
les marchés
• Compétition entre les nations européennes
• La colonisation, un moyen d'ouvrir des marchés
• Les échanges entre nations deviennent
indispensables

La forme de la démonstration est une forme
narrative au présent, marquée par la nécessité et
non par la logique de la conséquence :
– Il *faut* faire face
– Des espaces *doivent* être ouverts
– La colonisation apparaît *comme indispensable*

Exercice d'écriture

**À partir de la succession d'événements ayant
entraîné la mondialisation, réécrivez le texte des
paragraphes 3 et 4 en y introduisant des marques
d'enchaînements de cause à conséquence.**

....
....
....
....
....
....
....
....
....
....
....
....
....
....
....
....
....
....
....

Exercice 4

○ *Source :* texte de Emmanuel Fournier (p. 150 : livre élève)
○ *Objectif :* exposer des arguments

EXPOSER DES ARGUMENTS
Exercice 1 :
**Relisez les paragraphes 5 et 6 du texte
« Le risque du libre-échange et la naissance
des multinationales » :**

La promotion des marchés financiers trouve sa source dans un événement fondateur : la dissolution du régime des parités fixes entre les monnaies (accords de Bretton Woods, juillet 1944) au profit d'un système de changes flottants (accords de Kingston, janvier 1976). Depuis ce jour, ce ne sont plus les États qui définissent le cours des monnaies, mais les marchés financiers. Alors les mouvements de capitaux s'accélèrent, portés par la déréglementation des marchés, les échanges de produits manufacturés sont multipliés par 26. On assiste à une croissance spectaculaire due à l'ouverture aux échanges d'économies longtemps repliées sur elles-mêmes.

C'est de ce contexte qu'émergent des entreprises d'un nouveau type : les multinationales globales. On désigne sous ce nom des entreprises ayant une vision planétaire de leurs activités, de la conception à la commercialisation en passant par la production. Leur vision est planétaire en ce sens que pour ces entreprises, la question des distances géographiques est secondaire. L'important est de vendre, où que ce soit, et de produire à moindre coût, où que ce soit également. Ces entreprises ne se contentent pas de vendre dans le monde entier ; elles produisent dans le monde entier, délocalisant les activités nécessitant une main-d'œuvre importante vers les pays où les coûts salariaux sont faibles, et les activités à forte intensité énergétique vers des pays où l'énergie est bon marché...

... et remplissez la grille ci-dessous :
• Définition des multinationales :
....
....

• Explication de leur développement :
....
....

• Point de vue de l'auteur sur l'image qu'elles
  véhiculent :
....
....

• Marques linguistiques de son point de vue :
....
....

Exercice 2 :
a. Relisez le texte « Deux thèses opposées »
(p. 151, livre élève) *et relevez les arguments en
les reformulant :*

Thèse de R. Reich
– argument unique et sa raison d'être :
– thèse des Anglo-saxons et des Français ; relevez
les arguments et comment chacun d'entre eux est
introduit :
  • argument 1 :
....
....
  • argument 2 :
....
....
  • argument 3 :
....
....

*b. Dégagez le point de vue de l'auteur sur
ces deux thèses :*
....
....
....
....
....
....
....
....
....
....
....
....
....
....
....

Exercice 5

> **Objectif :** exercice d'écriture

Exercice d'écriture

Choisissez un sujet comportant des thèses opposées et décrivez ces deux thèses en exposant les arguments des partisans de chacune de ces thèses.

Par exemple :

– les dangers de l'énergie nucléaire
– les dangers du clonage thérapeutique
– les dangers de l'informatique
– points de vue opposés sur les avantages de la société post-soixante-huitarde
– idées sur l'éducation actuelle des enfants, etc

Exemple :

• Points de vue opposés sur les avantages de la société post-soixante huitarde.
Choisissez un événement important de votre histoire nationale, une révolution ou un bouleversement social, ayant entraîné un changement de régime ou de société et racontez-le sur le mode de la nécessité ou sur le mode de l'enchaînement de conséquences.

Par exemple : en France, MAI 68

Avant mai 68 : structure sociale de type autoritaire fondée sur des valeurs traditionnelles :

- « Travail, famille, patrie », slogan du maréchal Pétain
- valorisation du travail
- liens stables du mariage
- famille patriarcale
- sens de la patrie (un certain nationalisme)
- respect des lois
- individu au service de la société

Mai 68 : révolte des étudiants ayant canalisé des changements déjà amorcés.

Après mai 68 : bouleversements introduits par rapport aux valeurs antérieures :

- revendication des loisirs, puis peu à peu du « droit à la paresse »
- obtention par la femme des mêmes droits que l'homme
- familles « recomposées »
- contestation de l'autorité (« il est interdit d'interdire »)
- contestation des lois (multiplication des manifestations de rue)
- primat de l'individualisme, des droits de « l'hommisme » (revendication constante du concept « droits de l'homme »)
- méfiance vis-à-vis du nationalisme et revendication de l'universalisme
- disparition de l'idée de « patrie »

....
....
....
....
....
....
....
....
....
....
....
....
....
....
....
....
....
....
....
....

Exercice 6

○*Source :* texte de Tocqueville (p. 155 : livre élève)
○*Objectif :* expression de la concession

Relisez les phrases suivantes :

– *Quelles que soient* les lois politiques qui régissent les hommes dans les siècles d'égalité, l'on peut prévoir que la foi dans l'opinion commune y deviendra une sorte de religion dont la majorité sera le prophète.

Paraphrase :
Même si on envisage tous les types de lois dans les démocraties futures, les hommes auront toujours une confiance totale en l'opinion publique.

Travail d'application

Exemple : quelle que soit la diversité des objets dont traite le livre…

Les phrases suivantes se prêtent à une formulation de type concessif. Utilisez la formule employée par Alexis de Tocqueville et complétez la phrase.

1. L'importance des obstacles

....

....

....

2. Les bienfaits que cela procure…

....

....

....

3. Le type de dictionnaire utilisé…

....

....

....

4. La difficulté du texte…

....

....

....

5. Le nombre d'exercices…

....

....

....

6. La complexité du problème….

....

....

....

Exercice 7

○ *Source* : texte de Alain Finkelkraut
○ *Objectif* : argumenter son point de vue

Lire le texte

Des anges et des hommes

« L'information n'est plus histoire d'ordinateurs, c'est un mode de vie »[1]. Chaque objet, produit, livre, tableau, musée, monument, ayant désormais son double numérique, chaque homme étant équipé d'un écran (ou sur le point de l'être), tous les écrans tendant à être connectés dans une gigantesque toile d'araignée mondiale – *le world wild web* – et le numérique ayant, de surcroît conquis l'univers sonore, il n'y a plus de distance ou d'extériorité qui tienne, aucune chose, aucun être, aucune voix – en quelque lieu que ce soit de la terre, de l'air ou des mers – n'est hors de portée du moindre portable. Séance tenante, toute personne peut être touchée et de tout on peut passer commande : un simple clic suffit.

Notre fin de siècle n'aurait pas remis à l'honneur, pour cette technique, le mot majestueux de Révolution s'il ne s'agissait que d'une nouvelle prothèse ou d'un appareillage plus performant. Les services inouïs que rendent l'écran total changent radicalement le rapport à la réalité. Désormais, l'homme a lieu[2] sans que le lieu puisse prétendre exercer sur lui la moindre emprise. Sa présence sur terre n'est plus une assignation à résidence. Il se croyait voué pour toujours au *hic et nunc*[3] : avec le règne du temps réel et de l'image instantanée, tout est maintenant, le mot ici ne veut quasiment plus rien dire. À l'ère du courrier électronique, l'adresse qui était autrefois l'humble et obligatoire réponse de chacun à sa question « où ? », est elle-même devenue mobile. « La plupart des enfants américains ne font pas la différence entre les Baltiques et les Balkans, ne savent pas qui étaient les Wisigoths et ignorent où habitait Louis XIV » rappelle Nicholas Negroponte. Et alors ! Pourquoi serait-ce si important ?

Vous saviez, vous, que Reno est à l'ouest de Los Angeles ?

Pourquoi se frapper en effet ? Grâce à la mise hors-jeu de la topologie par la technologie, l'expérience humaine, trop humaine, du voisinage cède la place à l'ivresse olympienne d'une universelle équidistance. L'homme n'est plus vernaculaire, il est planétaire. Son environnement immédiat n'est plus local, mais digital. Il était lié à un territoire, il est branché sur le réseau et n'a que faire des autochtonies… Cybernaute et fier de l'être, il délaisse l'obscène matérialité des choses pour les délices sans fin d'un espace in-substantiel. Il était géographique et histo-rique, et le voilà angélique, soustrait comme les anges aux fatigues de la vie sur terre et à l'ordre de l'incarnation, pourvu comme eux du don d'ubiquité et de celui d'apesanteur. […] On était dans un endroit ou dans un autre, dedans ou dehors, chez soi ou à l'étranger, bourgeois ou bohème, casanier ou nomade. Ce « ou » a vécu : ce qui veut dire que la qualité de touriste, en l'homme, remplace peu à peu celle d'habitant et qu'un âge s'annonce où, avec l'abolition des distances et des destins, chacun pourra être à égalité, le visiteur de toute chose.

L'Humanité perdue, Alain Finkelkraut, éditions du Seuil, 1996

notes
1. Nicholas Negroponte, *L'Homme numérique*, Robert Laffont, 1995.
2. L'homme a lieu, c'est-à-dire : existe.
3. hic et nunc = ici et maintenant

Alain Finkelkraut (né à Paris en 1949), philosophe, est professeur au département Humanités et sciences sociales de l'École polytechnique. Son livre *L'Humanité perdue* développe une réflexion argumentée sur le rôle de l'informatique et d'Internet dans notre vie.

Exercice 1 : Grille de lecture

– Quelle est l'idée maîtresse d'Alain Finkelkraut ?
– Relevez dans le texte les exemples qui la justifient.
– Comment Alain Finkelkraut nous fait-il participer à sa réflexion ?
– Notez les différents mouvements du texte :
   • introduction = position de la problématique
   • développement de la pensée
   • conclusion

Exercice 2 : Étude lexicale :

– Notez les mots qui accrochent votre attention et qui provoquent votre réflexion.

Exercice 3 : Production orale et écrite

– Reformulez oralement la thèse essentielle de Alain Finkelkraut.
– Faites un court exposé oral : commentaire personnel.
– Rédigez votre commentaire personnel.

Exercice 8

⊙ *Source :* nouveau texte de Alexis de Tocqueville
⊙ *Objectif :* comment construire un paragraphe

Lire le texte

Voici un extrait d'une lettre de Tocqueville à un ami où il se pose la question du « bon style » pour l'écrivain.

Qu'est-ce donc que le bon sens appliqué au style ? Cela serait bien long à définir. C'est le soin de présenter les idées dans l'ordre le plus simple et le plus facile à saisir. C'est l'attention de ne présenter jamais en même temps au lecteur qu'un point de vue simple et net, quelle que soit la diversité des objets dont traite le livre ; de telle sorte que la pensée ne soit pas pour ainsi dire portée sur deux idées. C'est le soin d'employer les mots dans leur vrai sens, et autant que possible dans leur sens le plus restreint et le plus certain ; de manière que le lecteur sache toujours positivement quel objet ou quelle image vous voulez lui présenter. […]

Ce que j'appelle encore le bon sens appliqué au style, c'est de n'introduire dans les figures¹ que des choses comparables avec l'objet que vous voulez faire connaître. La figure est le moyen le plus puissant de mettre en relief l'objet qu'on veut faire connaître ; mais encore faut-il qu'il y ait quelque analogie avec l'objet. […]

Si vous voulez bien écrire, il faut avant tout lire, en étudiant le style de ceux qui ont le mieux écrit.

Lettre de Tocqueville à Charles Stöffels, le 31 juillet 1834
in *Lettres choisies, Souvenirs,* Quarto Gallimard.

note
1. les figures dont parle Tocqueville ici, ce sont les métaphores

Schéma argumentatif	Procédés linguistiques
Qu'est-ce donc que le bon sens appliqué au style ?	*– question dite rhétorique qui introduit la problématique : qu'est-ce que le bon sens appliqué au style ?*
C'est le soin de présenter les idées dans l'ordre le plus simple et le plus facile à saisir.	*– réponse avec un présentateur : **c'est** le soin **de** présenter les idées dans l'ordre* *– emploi du superlatif : **le plus** simple et **le plus** facile à saisir* *– les mots appartiennent à un lexique courant*
C'est l'attention de ne présenter jamais en même temps au lecteur qu'un point de vue simple et net,	*– même procédé : c'est l'attention de* *+ **ne... jamais** : adverbe de sens négatif absolu* *+ réemploi voulu de l'adjectif « un point de vue **simple** et net »*
quelle que soit la diversité des objets dont traite le livre ;	*locution à valeur concessive = malgré la diversité...*
de telle sorte que la pensée ne soit pas pour ainsi dire portée sur deux idées.	***de telle sorte que** : conjonction exprimant la conséquence exprimée négativement pour renforcer la prescription, le conseil : c'est une idée à la fois et non pas deux !*
C'est le soin d'employer les mots dans leur vrai sens, autant que possible dans leur sens le plus restreint et le plus certain ; de manière que le lecteur sache toujours positivement quel objet ou quelle image vous voulez lui présenter.	*– même procédé, emploi du présentateur : c'est le soin d'employer les mots dans leur vrai sens +* *autant que possible = adverbe de comparaison +* *superlatif : leur sens **le plus** restreint et **le plus** certain* ***de manière que** = conséquence + adverbe absolu « toujours positivement »*

Exercice 1

Écrivez un paragraphe où vous donnez votre réflexion « à la manière de » Tocqueville sur :

Qu'est-ce qu'un bon roman ? / Qu'est-ce qu'un bon film ? / Qu'est-ce qu'un bon repas ?

....
....
....
....
....
....
....
....
....
....
....
....
....
....

Exercice 2

Employez les adverbes et les superlatifs pour donner de la force à votre conseil.

<u>**Exemple :**</u>
– Si vous voulez *bien* écrire, il faut *avant tout* lire ceux qui ont *le mieux* écrit.

Adverbe et superlatif // Adjectifs et superlatifs

A. Bien / le mieux
   Mal / le pire / la pire chose que tu puisses faire...

B. Bon / le meilleur / la meilleure chose que tu puisses faire serait de...
   Mauvais / le plus mauvais / la plus mauvaise chose que tu puisses faire serait de...

– Quelle serait, pour vous, la meilleure chose à faire pour gagner de l'argent ?

Si ...., il faut

....

Donnez des conseils à votre ami pour :
– réussir dans la vie
– être heureux
– ne pas dépenser trop d'argent
– voyager « malin »

....
....
....
....
....
....
....
....
....
....
....

Exercice 9

> **Source :** précis grammatical (la proposition incise) + texte de Tocqueville
> (p. 155 : livre élève)
> **Objectif :** emploi des propositions incises dans un discours argumentatif

Relisez cet extrait du texte de Tocqueville

Les hommes n'auraient point trouvé le moyen de vivre indépendants ; ils auraient seulement découvert, *chose difficile*, une nouvelle physionomie de la servitude. Il y a là, *je ne saurais trop le redire*, de quoi faire réfléchir profondément ceux qui voient dans la liberté de l'intelligence une chose sainte, et qui ne haïssent point seulement le despote, mais le despotisme.

Analyse

– Les deux propositions incises expriment soit le point de vue de l'auteur **« chose difficile »** soit sa présence **« comme un clin d'œil »** au lecteur **« je ne saurais trop le dire »**.

– La proposition incise a, aussi, une valeur de **« caractérisation du sujet »**, elle précise le propos (cf : précis grammatical)

Autre exemple :

Sonia Rykiel, *créatrice de la mode « à l'envers » dans les années 80*, continue à exprimer dans ses collections sa « philosophie » du vêtement comme expression de soi…

Exercice :

Vous classerez les propositions incises suivantes pour dire leur fonction, soit de caractérisation, soit expression du point de vue de l'auteur (valeur d'argumentation).

1. Le théâtre de Yasmina Reza est, *comme on le sait*, connu dans le monde entier.

2. Nous n'avons rien à cacher, *semblent-ils dire*, et du fait que nous montrons tout ce que nous faisons, nous avons une attitude morale.

   (unité 10, entretien avec Philippe Breton, p. 154)

3. Nombreux sont ceux qui, *enfants des années 60*, allaient tirer leur père par la manche au bistrot.

   (Unité 6, « Être ensemble au bistrot », p. 83)

4. Mais, *au-delà de cette définition*, il faut savoir faire la différence entre les codes protéiformes de certaines familles qui […] et l'aveuglement qui consiste à endosser l'uniforme de telle ou telle griffe.

   (Unité 4, texte « Propos sur la mode » de Christian Lacroix, p. 56)

5. La crise anthropologique, *en revanche*, est plus difficile à cerner.

   (Unité 4, une mutation anthropologique de G. Erner, p. 60)

6. Quand je vois certains savants ou philosophes de mes amis, *jadis rebelles à la technologie électronique*, manipuler aujourd'hui Internet pour correspondre avec leurs confrères […] je me dis que toutes les méfiances inventées par les adultes n'ont pour intention que de freiner les excès d'euphorie d'une jeunesse sans complexe pressée d'agir…

   (Unité 3, texte de Charlélie Couture, p. 41)

....
....
....
....
....
....
....
....
....
....
....
....
....
....
....
....
....
....
....
....

Exercice 10

> *Source :* texte de Alexis de Tocqueville (p. 155 : livre élève)
> *Objectif :* recherche des mots-clés

RECHERCHE DES MOTS-CLÉS
Dans un texte fondé sur une opposition fondamentale comme celui de Tocqueville :
opinion publique / liberté de pensée individuelle (*cf :* Une nouvelle religion :
la foi dans l'opinion publique), il est intéressant de rechercher les mots-clés
qui structurent le texte.

Exercice 1 :
Relisez le texte de Tocqueville, relevez les mots-clés et classez-les par opposition.

Exemple :
▶ Aristocratie / démocratie
▶ Inégalité / égalité
▶   /
▶   /
▶   /
▶   /
▶   /
▶   /

Exercice 2 : écriture de texte
Rédigez un texte à la manière de Tocqueville pour critiquer un phénomène social. Vous reprendrez les procédés syntaxiques et grammaticaux utilisés par lui, et qui sont décrits dans le livre de l'élève.

....
....
....
....
....
....
....
....
....
....
....
....
....
....
....
....
....
....
....